仕事、自分、
家庭、人間関係…

## 書くだけで人生が変わる

# 嫌なことノート

嫌なことノート普及委員会

アスコム

# 「嫌なことノート」を書き続けると人生がバージョンアップしていく。

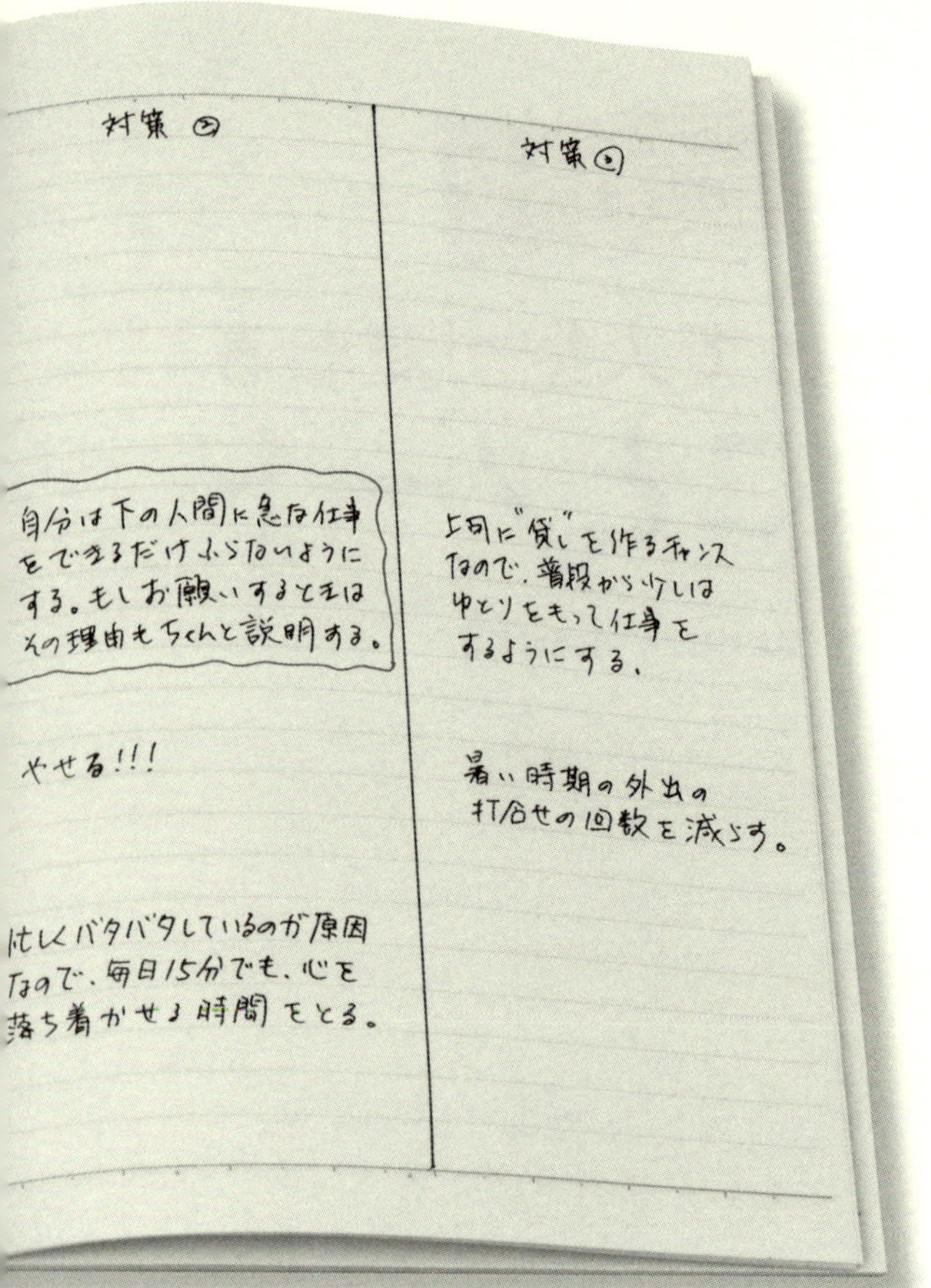

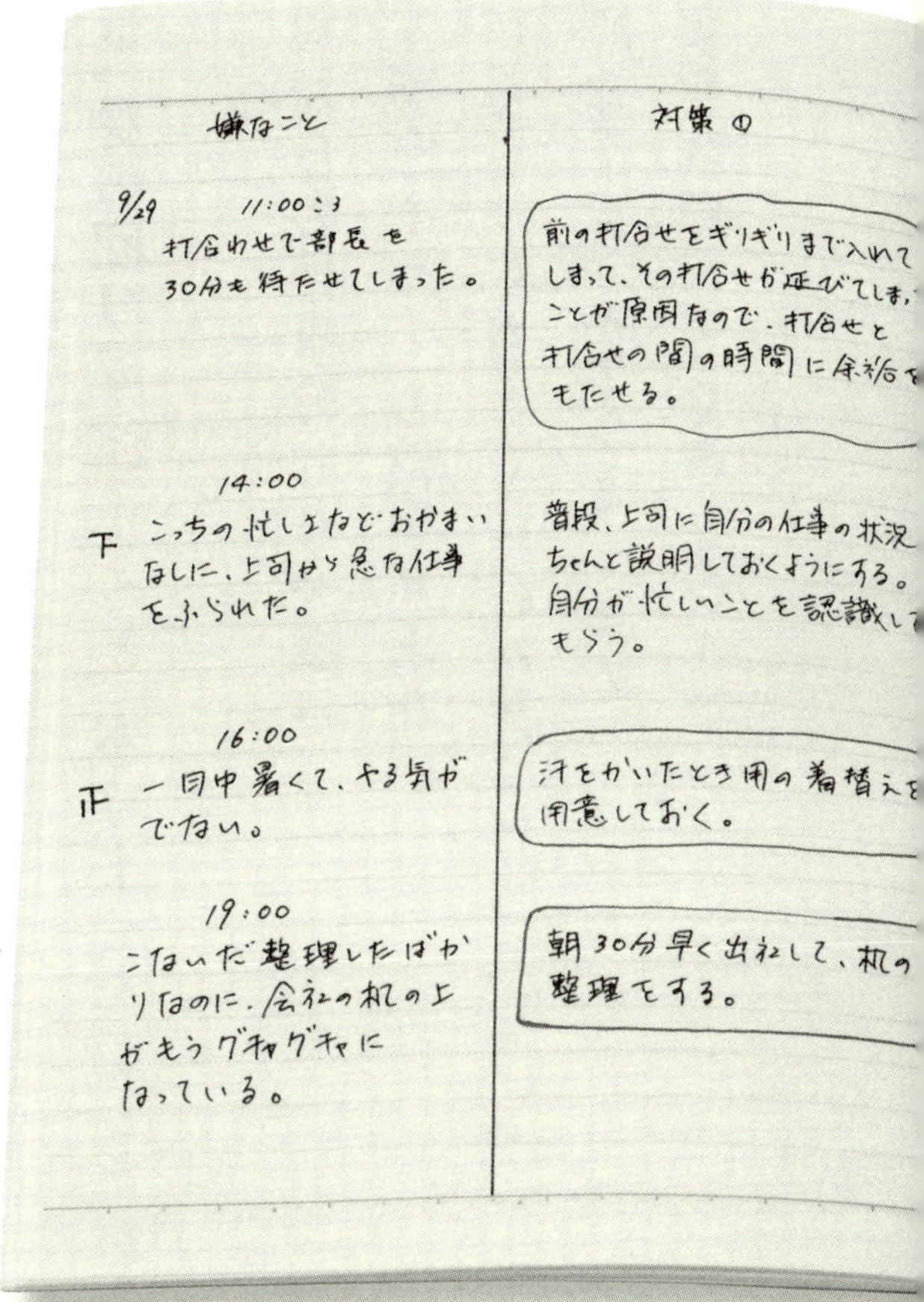
嫌なこと
9/29 11:00ころ
打合わせで部長を
30分も待たせてしまった。
14:00
下 こっちの忙しさなどおかまい
なしに、上司から急な仕事
をふられた。
16:00
正 一日中暑くて、やる気が
でない。
19:00
こないだ整理したばか
りなのに、会社の机の上
がもうグチャグチャに
なっている。
対策 ①
前の打合せをギリギリまで入れて
しまって、その打合せが延びてしま
ことが原因なので、打合せと
打合せの間の時間に余裕を
もたせる。
普段、上司に自分の仕事の状況
ちゃんと説明しておくようにする。
自分が忙しいことを認識して
もらう。
汗をかいたとき用の着替えを
用意しておく。
朝30分早く出社して、机の
整理をする。

最近、身の回りで「嫌なこと」ありませんでしたか？

上司からの仕事のむちゃ振り、
一生懸命やっても結果が出ない、
机がぐちゃぐちゃで資料が見つけられない、
無理な予算、スケジュールで
仕事を依頼してくるクライアント……。

誰でも仕事をしていれば、
大なり小なり嫌なことに
ぶつかるものです。

嫌なことがあったとき、
あなたはどう思いますか？

「あ～嫌だな～」

「面倒だな～」

と思ってしまっていませんか？

あー、それはもったいない。

なぜなら、「嫌なこと」には、
あなたの仕事力を上げるヒントが
たくさん詰まっているから。

仕事ができる人と
できない人の差は、
実は「嫌なこと」にあったときの
対応の差だったりするのです。

仕事ができる人
↓「嫌なこと」は新しい情報、宝の山だと思う
↓「嫌なこと」をしてくれてありがとう！
仕事ができない人
↓「嫌なこと」に落ち込み、ストレスがたまる
↓「嫌なこと」なんてしやがって！

捉え方が180度違うのです。

「嫌なこと」にあうことは、
実は大チャンス！
「嫌なこと」をどんどん、
自分のために活用しましょう！

「嫌なこと」をビジネスに活用して
**成功している会社も**
**たくさんあります。**
**歴代の有名経営者も、**
「嫌なこと」を経営に取り入れ、
成功してきました。

いまは景気も悪く、不況。
結果が出にくい時代です。
だからこそ、
「嫌なこと」はたくさん転がっています。
そんな「嫌なこと」をどんどん活用してください。

「嫌なこと」が、
あなたの人生を変える！

目次

はじめに …… 018

第1章 「嫌なこと」に注目すればストレスや怒りがなくなる! …… 025

01 自分の「嫌なこと」を知ることが最初の一歩 …… 026

02 書くことでいったん自分の手から離すことが大切 …… 032

03 もう怒らないもう愚痴らない …… 038

04 「嫌なこと」には4つのパターンがある …… 044

第2章 誰からも好かれる人になるための「嫌なこと」活用法 …… 051

05 人からされて「嫌なこと」を自分はしない …… 052

06 なかなか気づかない自分のアラを探してみる …… 056

07 思い切って自分へのクレームを聞いてみる …… 060

08 「嫌なこと」がわかると人のいいところも発見できるようになる …… 066

## 第3章 「嫌なことノート」で仕事ができる人になる …… 071


09 嫌なことには成功のヒントがたくさん隠されている …… 072
10 嫌なことへの対応で仕事の能力がわかる …… 080
11 ヒット商品は「嫌なこと」から生まれている …… 086
12 「嫌なこと」には顧客心理が隠されている …… 092
13 「お店の悪口を言ったら300円引き」で急成長した牛角 …… 098
14 嫌なことを「カイゼン」すると時間管理がうまくなる …… 104


## 第4章 「嫌なことノート」の書き方 …… 111


15 「嫌なことノート」は自分にとっての外部記憶装置 …… 112
16 嫌なことノートの書き方1 「嫌だなあ」と思ったことは、できるだけノートに書き留める …… 118
17 嫌なことノートの書き方2 準備するのは「メモノート」と「まとめノート」の2冊 …… 120

目次


18 嫌なことノートの書き方3 「メモノート」はケータイのメモ機能でもOK …… 122
19 嫌なことノートの書き方4 「まとめノート」は、B6サイズがベスト …… 126
20 嫌なことノートの書き方5 成果を実感するために同じノートを使い続ける …… 130
21 嫌なことノートの書き方6 ノートは「嫌なこと」スペースと「対策」スペースに分割する …… 132
22 嫌なことノートの書き方7 「嫌なこと対策」は思いついたときに書きこむ …… 138
23 嫌なことノートの書き方8 対策は身近なところで発見できる …… 142
24 嫌なことノートの書き方9 過去に同じ嫌なことがあっても、何度でも書く …… 146
25 嫌なことノートの書き方10 対策を実践してうまくいったら赤で丸く囲む …… 152
26 嫌なことノートの書き方11 「嫌なことノート」はできるだけ毎日読み返す …… 156
27 嫌なことノートの書き方12 「まとめノート」は2冊持ち歩く …… 160

## 第5章 「嫌なことノート」を続けるコツ 165

28 嫌なこと探しをゲーム感覚で楽しむ！ 166

29 テレビ、雑誌、本などのメディアや街で発見する 170

30 嫌なことをすべて解決しようと思わないこと 176

31 「嫌なことノート」を振り返れば自分の成長がわかる 178

## 第6章 「嫌なこと」にはこう対応する 185

シチュエーション別嫌なこと例と対策例 186

はじめに

# 職場のストレスの原因、第1位は……

上司A「3日後に打ち合わせするから、それまでに企画考えといて」

（えっ。昨日は1週間後って言っていたのに、どういうこと？　それで仕事のスケジュールを組んでいたのに、また思いつきかよ。たまらないなあ）

上司B「どんなことでもいいから意見を出してくれないかな」

（ミーティングの始まりはいつも、このセリフ。こんなこと言いながら、いつも自分と反対意見が出てくると機嫌が悪くなるんだよなあ。結局、最後は自分の意思を押し付けてくるんだから、「意見を？」と言われてもねえ）

上司C「おまえが作ってくれた資料、持ってくるの忘れちゃった」

（おいおい、「徹夜してでも資料作成しろ」と言ったのはあなたでしょ。それを忘れてくるとは。笑ってごまかされても困るなあ。もしかすると、そもそも今日の打ち合わせには必要なかったの？）

**朝と夜で言うことが違う上司。思いつきでものを言う上司。こんな上司の被害に合った経験、あなたにもありませんか？**

ある調査によると、若手サラリーマンの職場でのストレスの原因の第1位は、「言うことがコロコロ変わる上司」だそうです。また、ベスト10の中には、「反論を許さないワンマン上司」「無茶な目標、ノルマを押し付けられる」「自分の意見をまったく聞いてくれない上司」「仕事ができない上司」など、上司に対することが5つも含まれています。

### 若手サラリーマンの職場ストレス原因TOP10（複数回答）

- 1位 言うことがコロコロ変わる上司
- 2位 無駄な会議、報告書の類が多すぎる
- 3位 職場に無意味な慣習が多い
- 4位 反論を許さないワンマン上司
- 5位 同世代に比べて、給料が安い
- 6位 無茶な目標、ノルマを押しつけられる
- 7位 自分の能力が認められない、出世できない
- 8位 自分の意見をまったく聞いてくれない上司
- 9位 仕事ができない上司
- 10位 会社の経営状態が悪くて将来性がない

（ケロジャパン調べ）

社長にならない限り、会社員であれば、あらゆる人に上司は存在します。こんな上司の嫌な言動や行動にストレスを感じる日々からはオサラバしたい。多くのビジネスマンがそう思っているはずです。

## 人間の思考の7割はネガティブなこと⁉

仕事をしているときのストレスの原因第1位は上司に対してですが、ストレスのタネはそれ以外にもたくさんあります。

「1週間前から約束していたのにドタキャンするクライアント」
「相談に乗ってほしくて声をかけたのに、自慢話ばかりする同僚」
「何回説明しても、同じことを聞いてくる部下」
「毎回、毎回、名刺の束から電話番号を探している自分」
「燃えるゴミと燃えないゴミがごっちゃになっているゴミ箱」
「プリントアウトの途中で切れてしまったコピー用紙」
「移動中の電車の中で隣り合わせになった人のイヤホンから漏れてきた音」

**1日の中には、ストレスの元になる「嫌だなあ」「困ったなあ」「不便だなあ」と感じることはいくらでも転がっています。**

実は、脳は、もともとネガティブ思考なのです。人間は、平均すると**1日に5〜6万回思考し、そのうちの7割がネガティブなこと**を考えていると言われています。つまり、1日に3万5000回〜4万2000回も「嫌だなあ」と感じているのです。それだけ毎日嫌なことがあれば、ストレスにもなるはずです。

## 人間は「嫌なこと」がなにより苦手

なぜ世の中に「嫌なこと」が存在しているんでしょうか？　それは、**自分自身と他人は違う存在**だからです。性格も違うし、育った環境も違う、いま置かれている立場も違う。とにかくなにもかもが違います。当たり前のことですが、そのことをちゃんと認識することは大切です。

上司は、部下のことを思って厳しいことを言ったとしても、部下にとってはただ煩わしいだけ。そうすると、上司には「せっかくおまえのことを思って言ってあげてるのに、人の話を聞いてないなんて！」と、嫌なことが生まれます。一方、部下にも、「いつもいつもうるさいんだよ！」と、嫌なことがひとつ生まれます。

生きている限り、この「差」はなくなりません。だから、**一生「嫌なこと」はつきまとってきます**。

それなのに、**人間は「嫌なこと」にすごく弱くできています**。その証拠に、ストレスがたくさんの病気の原因になっています。

「嫌なこと」は存在する。でも嫌なことは何より嫌。

だから、「嫌なこと」とうまく付き合うことが大切です。

## 嫌なこととうまく付き合うための「嫌なことノート」

「嫌なことノート」は、**あなたが遭遇したり、感じたりした「嫌なこと」を毎日書き続けていくだけのノート**です。それだけで、なんで嫌なこととうまく付き合えるのかと疑問に思うかもしれません。それは、ノートの書き方にポイントがあります。詳しい書き方は第4章で解説しますが、その日あった嫌なことをまず書き、それに対する対策を書く。それだけで、ネガティブな感情とうまく付き合えるようになるのです。実際に、「嫌なことノート」を書き続けて人生が変わったという人がこれまでたくさんいます。

**「嫌なことノート」には４つの効能があります。**

**●感情のコントロールができ、ストレスがなくなる。**
**●コミュニケーション力が上がる。**
**●顧客心理がわかり、ビジネスのアイデアがどんどん生まれてくる。**
**●時間の使い方がうまくなる。**

こんな万能ノート、書かないのがもったいないと思いませんか。

## 「嫌なことノート」は人生を変える一番シンプルな方法

せっかく遭遇した「嫌なこと」は、どんどんノートに書き留めて、忘れないようにしっかり保存。ノートに書いておけば、いつでもノートを開くだけで「嫌なこと」を思い出すことができます。

最初はネガティブ情報を書くことに抵抗感があるかもしれませんが、「嫌なこと」を書くことが、実は「嫌なこと」を消すことにつながることが続けていると必ずわかってきます。

「嫌なことノート」を書くことは、**自分の心を「嫌なこと」を軸にして整理整頓し、自分を知ることにつながります**。また、自分を知ることで、他人を知ることにつながります。

さらに、他人を知ることで、社会を知ることにつながります。

自分、他人、社会を知ることで、理想の自分に近づくことができるのです。

「嫌なことノート」があなたの人生をさらに充実させるヒントになれば幸いです。

嫌なことノート普及委員会

第1章

# 「嫌なこと」に注目すればストレスや怒りがなくなる!

01

# 自分の「嫌なこと」を知ることが最初の一歩

## 自分は自分のことを意外に知らない？

「好きな食べ物は何ですか？」という質問をして、はっきりと答えられない人が意外に多くいます。これは食べ物に限ったことではありません。

「好きな色は？」「好きな有名人は？」「得意な料理は？」

自分の好きなことや得意なことなのに、なかなか答えられない。これは、自分のことを意外に認識していない証拠です。

自分を知らないままいるのは、情報がありすぎるということもあるでしょうし、日々自分と向き合って生きていないからという理由もあるでしょう。

## 「嫌なこと」がありすぎて、わからなくなっている!?

「嫌なこと」も同じです。「はじめに」でも書きましたが、人間の思考の7割はネガティブなことを考えています。だから、**嫌だと感じることは、仕事の中にも、プライベートでも、あちこちに転がっています**。

「手柄を全部上司がもっていく」
「ヤル気がまったく起きない自分」
「満員電車で新聞を広げて読んでいる人がいた」
「朝から不機嫌な妻」

書き出したらきりがありません。

人それぞれに何十、何百という「嫌なこと」があるはずです。でも意外に、自分がどんなことを「嫌なこと」だと思っているのか、ちゃんとわかっていない人が多いのです。

## 自分を知るために、「嫌なこと」を知る

まずは、あなたがいま感じている**「嫌なこと」を10個思い浮かべてみてください。**

どんなことを思い浮かべましたか？　仕事のこと、プライベートのこと。上司のこと、部下のこと、同僚のこと、家族のこと、友だちのこと、自分のこと。世間で起きていること……。

では、次にその中で**あなたが特に嫌だと感じていることはどんな種類**のことが多いでしょうか？

たとえば、「嫌なこと」がこんなことに集中している。

「毎日、ギリギリに出勤する」
「打ち合わせに遅れる」
「企画書を期日通りに作成できない」

これらに共通するのは「時間」。つまり、どうやら**自分は時間に対してルーズな人間であるということがわかります**。

たとえば

「飲み残しの缶コーヒーをそのままにして帰る後輩」
「ホコリがかぶっているおもちゃをデスクに並べている事務の子」
「整理がされていない、汚い上司のデスク」

これは**整理整頓に敏感な自分がわかります**。

たとえば
「私が仕事で失敗して落ち込んでいることに気づかない同僚」

「お客様にドアを開けさせる部下」

「打ち合わせ中に自分だけコーヒーを飲んでいることに気づかない後輩」

これは。**気配りや気遣いを大切にしている自分がわかります**。

## 自己分析で弱点が明確に！

「嫌なことノート」は、そんなあなたが感じた「嫌なこと」を発見するままに書き留めていくノートです。ノートに書かれる内容は、人それぞれに傾向が出てくるので、ノートを書き始めて1週間したら、ぜひ書き連ねた「嫌なこと」を整理してみましょう。自分の苦手なところ、いつも気にしているところ、敏感なところなど、くっきりと現われてきます。**自分の特性を知ることは、何をするにしても大切なこと**です。意外な自分に気づけるだけでも面白いと思いませんか。

自己分析ができると、自分の弱点や欠点も明確になってきます。弱点が明確なら、解決のための対策も考えやすいでしょう。

たとえば、先ほどの時間にルーズなタイプなら、時間を守るというトレーニングを始めること。「いつもより20分だけ早く起きるようにする」「5分早く目的地に到着するようにする」など、小さな目標から始めると、「嫌なこと」を解決できるはずです。

**自分が「嫌だ」と思うことをちゃんと知る**。それが、「嫌なことノート」の第一歩です。ずっと心にひっかかっている「嫌なこと」もあれば、すぐに忘れてしまう「嫌なこと」もあります。でも、どちらの「嫌なこと」も、ちゃんと認識することで、自分の不満のベースを知ることができ、あなた自身の心の整理整頓ができるのです。

02

# 書くことでいったん自分の手から離すことが大切

# 「嫌なこと」は事実のみ書きこむ

**「嫌なこと」にあった時のもっとも悪い反応は、ネガティブな感情を引きずってしまうことです。**怒りを声に出して気晴らしするほうが、まだいいでしょう。なにかと「嫌なこと」を思い出しては、どんどんストレスをためていく。これが一番よくない。そうなると負の連鎖が始まります。

イライラする、仕事に集中できない、やる気が出ない、愚痴ばかりになる……、ひどい場合は眠れなくなる、病気になる……。

その対策として、「嫌なことノート」は最適です。**ノートに書き出すという行為は、「いったん自分からその事柄を離す効果」**があります。ノートに書き出すことで、自分の頭の中の負の感情を整理できるのです。

整理するときに大切なこと。それは、「嫌なこと」をノートに書く際には、絶対に感情を書きこまないで、事実のみを書くということです。「嫌なことノート」には必ず事実のみを書いてください。

「朝6時に起きる予定だったのが7時半に起きた」
「資料が見つからず、企画書が完成しなかった」
「課長に報告書の件でいきなり怒られた」

このように、嫌だった事実だけを書きます。決して、**思いをダラダラと書かないでください**。感情や思いを書き込むと、負の感情を助長してしまう可能性があります。「書くことで、嫌なことを解消していく」はずが、逆にネガティブな気分がどんどん膨らんでしまいかねません。

**実際に起きたことなら、書く数はどんなに多くてもかまいません**。それだけ人生を変えるタネがたくさんあるということですから、多ければ多いほどうれしいくらいに思ってください。

## 嫌なことはノートに受け止めてもらう!

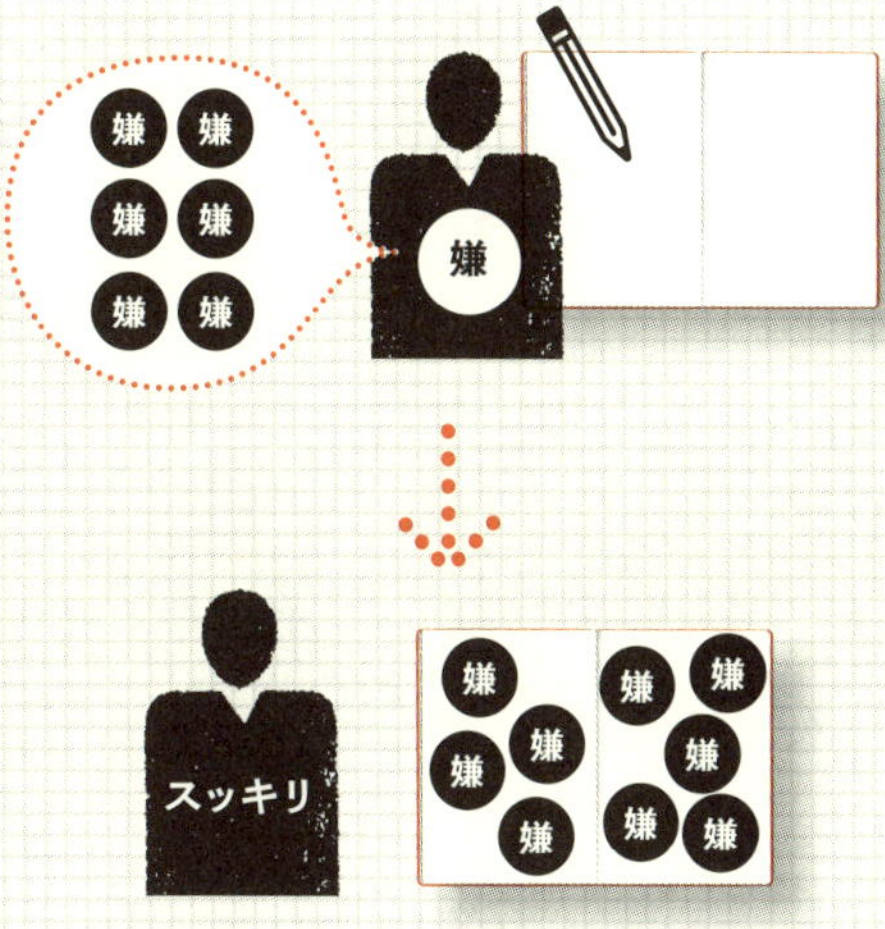


嫌なことノートに受け止めて（書く）もらえば、客観視できて、「嫌なこと」が嫌でなくなっていく

## 書いてスッキリ、ストレス解消

**「一度忘れてしまうこと」**は仕事でも大切なスキルです。
複数のことを同時にこなさないといけない状況で、目の前のことに集中するためにも、それ以外のことを自分から一度離すというのは、できる人になるための不可欠な要素です。

一見、ただ愚痴を吐き出しただけのように見える「嫌なことノート」ですが、そこがポイントです。書き出すことによって、**客観的視点**をもつことができるのです。**冷静に眺めてみると、実は落ち込むほど嫌なことではないこともたくさんあります**。

「最近、営業成績が好調な同僚から上から目線で話された」
そのときは、「なんだ、こいつ」と思ったけれども、ノートに書き出してみると、「まあ、いままでの彼は営業成績が悪かったから、たまにはいいか。そんなことでイライラしてる自分が小さいな」と、同僚の言動を気にしないでいられたり、許せるようになるのです。

「嫌なこと」を探すことができ、ノートに書くことに慣れてくると、気づいたらノートはびっしり書き込まれた「嫌なこと」だらけになるでしょう。

人のよいあなたはノートを眺めながら、「こんなに嫌なことがあるのか」とネガティブな気持ちになるかもしれません。でも、それは大間違い。**それだけ小さなことに気づけるようになった自分をほめてください**。すでにあなたは成長の階段を上り始めています。

03

# もう怒らない
# もう愚痴らない

## 優秀なのに評価されない人

自動車メーカーに勤めているAさん。とても頭がキレて優秀な人なのですが、社内での評価はイマイチ。その理由は、いつもイライラ、愚痴ばかり言っているからだそうです。嫌なことに支配されている人の典型です。

「上司が使えない」

「会社の方針がおかしい」

「給料が安い」

など、とにかく文句が多い。成果を出しているのに、上司受けも、部下受けもよくなく、そのことがさらにAさんのイライラを助長しているそうです。

**こういう残念な人にこそ、「嫌なことノート」は効果テキメン**です。

ノートに「嫌なこと」を事実のみ書き出してみると、いろいろな気づきがあるはずです。自分の愚痴は、実は自分にも原因があった。愚痴を言うだけではどうにもならないことに気づいた。あるいは上司や部下に対してもうあきらめようと思った、など。そして、次に、「嫌なこと」から何を学び何をすべきか、前向きな思考が生まれてきます。結果、愚痴もイライラもなくなり、自分の成果を正当に評価してもらえるようにもなっていきます。

## 怒る人が増えている!?

「キレる子どもたち」が何かとメディアで取り上げられますが、犯罪白書によると「怒る大人たち」も、増えているそうです。確かに最近街中でも、ちょっとしたことで怒鳴っていたり、イライラしている人をよく見かけます。

**怒りの感情をコントロールするのにも「嫌なことノート」は役立ちます。**

怒りは、その原因になる「嫌なこと」をネガティブに捉えることで起こる感情です。でもそれは、セルフコントロールのできない人がやることです。

できる人は違います。嫌なことを、自分を成長させてくれるヒントだと思うことで、頭にもこないし、怒るどころか、むしろ「ありがとう」と言いたくなるくらいの余裕があります。

## 怒りは無駄なエネルギーを浪費する！

怒っているなんてもったいない。

とくに短気な人や、怒りやすい人には、「嫌なことノート」をおすすめします。

心理学者の名越康文さんは、「僕が臨床的にみて確信するのは、人間が最もエネルギーを浪費するのは感情的になった時」で、「感情的になることは、要するに怒りの感情を持ってしまう」ことだと語っています。つまり、**「嫌なこと」に過剰に反応するのは、肉体的にも、精神的にもよくない**ということです。「嫌なことノート」を書くようになると、それだけで無駄なエネルギーの浪費を抑えることできるようになります。

嫌なことがあった瞬間は、イラッとしたり、ムッとしたりすることはあるでしょうが、「貴重なヒントをありがとう」と思えたら、**もう怒ることはありません**。

また、「嫌なこと」を意識するようになると、自分だけに起こっているわけではなく、他の人にも「嫌なこと」がたくさん起きていることを知ることができます。
さらに、誰もが完璧でないこともわかり、人にも自分にもやさしくなれるのです。

アルボムッレ・スマナサーラは著書『怒らないこと』の中で**「自分は完全ではないし、他人にもけっして完全な結果を求めない」という思考が、この世の中で我々が落ち着いて生きていられる秘けつ**だと語っています。

また、詩人ゲーテは、「人間の最大の罪は不機嫌である」と言っています。一度限りの人生を「不機嫌」に支配されるのは、とてももったいないこと。

**「嫌なこと」に注目して、怒りや愚痴など、負の感情をコントロールすれば、自分の人生がもっと幸せになるはずです。**

## 「嫌なこと」があると怒る人、怒らない人

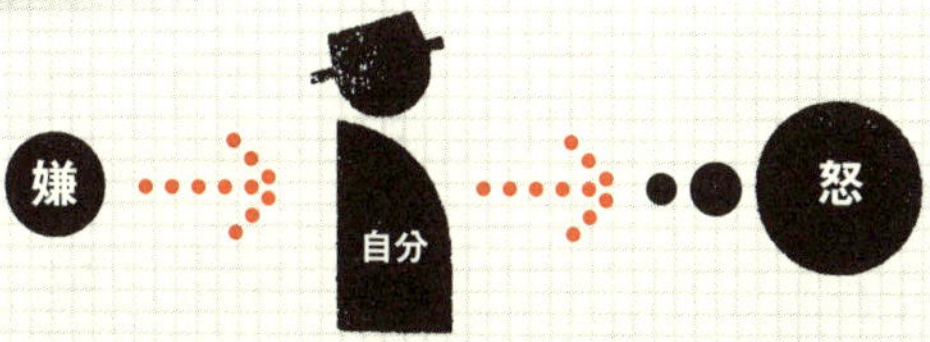


「嫌なこと」が自分だけに起こっていると思ってしまうと、怒りの感情が大きくなる

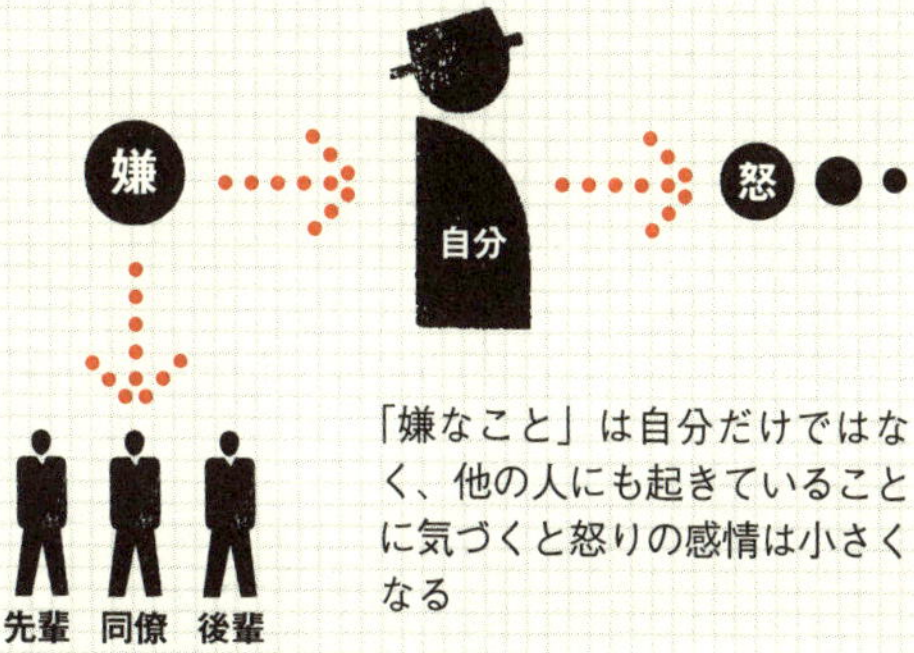


「嫌なこと」は自分だけではなく、他の人にも起きていることに気づくと怒りの感情は小さくなる

04

# 「嫌なこと」には4つのパターンがある

# 「嫌なこと」のパターンをまずは知る

自分の「嫌なこと」を知るためには、「嫌なことのパターン」を知っておくといいでしょう。「嫌なこと」を分類すると、次の4つのパターンがあります。

**その1　自分に起きた「嫌なこと」**
**その2　自分の身のまわりの他人に起きた「嫌なこと」**
**その3　自分がやってしまった「嫌なこと」**
**その4　テレビ、新聞、ウェブや、街中などで見た「嫌なこと」**

**嫌なことパターンその1**は、自分が感じることなので、**最も見つけやすい「嫌なこと」**だと思います。

「午前中にペーパーレス化を宣言しながら、夕方には紙にまとめてくれって、部長は何を考えてるの?」
「これで今日の報告書何枚目だっけ。意味あるのかなあ」
「絶対に課長が間違えているのに、最後まで認めないんだな。まいったな」

「目標を達成したときくらいほめてほしいなあ」

「毎朝、会社が厳しい話ばかりされたら、やる気がなくなるよな」

## ちょっとしたことはすぐ忘れてしまう

さらに些細な嫌なこともけっこうあるはずです。

「トイレが汚れていた」

「デスクの角にホコリがかぶっていた」

「先輩にくだらない自慢をされた」

そのときは、ちょっとイラっとくるかもしれませんが、電話がかかってきたり、他の人から声をかけられたりすると、すぐに忘れてしまったりしているはずです。

でもこういうこともちゃんと「嫌なこと」として認識してください。

## 自分がした「嫌なこと」ほど気づかないものはない

**嫌なことのパターンその2**は、**他の人を見ていて感じる「嫌なこと」**です。
「会議で発言にひどいダメ出しをされた先輩」

「書いてきた企画書にため息をこぼされた部下」

「社員に上から目線で指示を出されている派遣社員」

当事者が実際に嫌だなあ、困ったなあと思っているどうかわかりませんが、**自分がその立場だったら嫌だなあと思うことも結構あるものです。**

日頃から、「他人の嫌なこと」にも目を配っていると、観察力や、課題発見力が身につき、いろいろなことに気づけるようになります。


**嫌なことパターンその3**は、**自分がしてしまった「嫌なこと」**。実はこれがいちばん気づきにくい。

「間違いに気づかず、指摘された」

「お客様に怒鳴られるようなことをした」

「上司に怒られるようなことをした」

と相手が反応してくれたときは、自分が何か「嫌なこと」をしたことに気づけるのですが、**知らないうちに相手に対して「嫌なこと」をしていることもあるはずです。**

人は自己肯定するのが得意なので、気づくのは簡単ではないかもしれませんが、「自分は人に嫌なことをしていないか？」を考えてみるだけでも大切です。けっこう思い当たることが出てくるかもしれません。

## テレビドラマは「嫌なこと」を発見する最高のツール

**嫌なことパターンその４**は、**テレビや映画、単行本、新聞、ウェブ、雑誌などや、街中で偶然出合った「嫌なこと」**です。報道されるニュースやドラマのセリフ、小説の主人公の態度、電車の中でのマナー違反など。

「国会で、答えたくない質問にはひと言も発しない政治家」
「ドラマで、息子の話を何も聞かずに、けなし続ける父親」
「ドラマで、部下のミスばかりを探して、見下す上司」

テレビドラマなどはキャラクターが誇張されて表現されていることも多く、**「嫌なこと」にも気づきやすい**のです。

## 「嫌なこと」4つのパターン

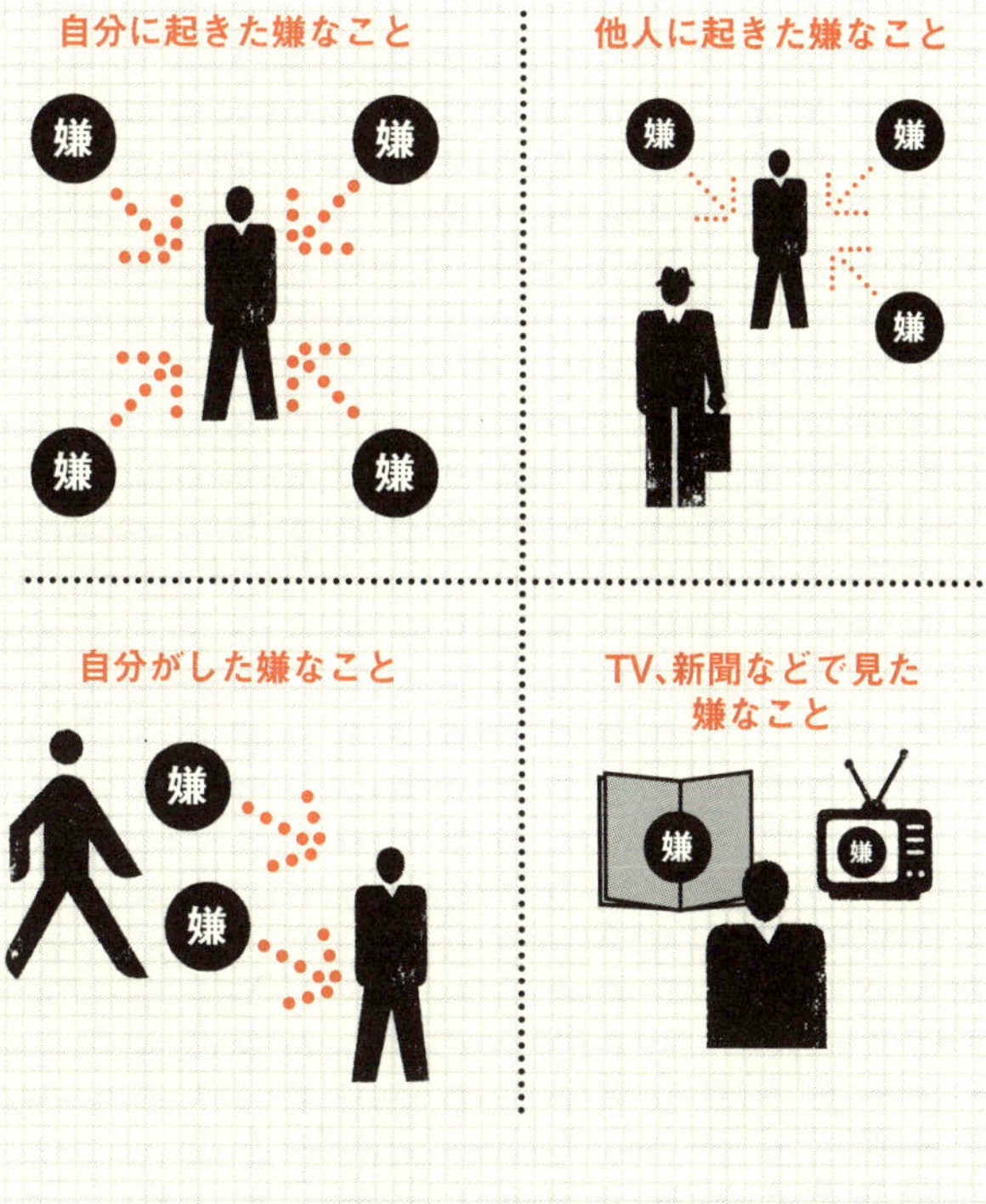

第2章

# 誰からも好かれる人になるための「嫌なこと」活用法

05

# 人からされて「嫌なこと」を自分はしない

# 孔子が説いた人間関係を円滑にするアドバイス

**「己の欲せざるところは人に施すことなかれ」**

これは、孔子が弟子から「なにかひとこと、終身努力しなければならないという言葉をいただけないでしょうか」と言われ、与えた言葉です。

**「自分にしてほしくないことは、他人にするな」**

この孔子の言葉は、人間関係を円滑にする秘けつです。

「話を聞いている振りをして時計をチラチラ見る」
「ありもしない噂を同僚に流される」
「私がいることを無視される」
「いきなり怒鳴り散らす」

嫌な思いをすることが一番多いのが、コミュニケーションにおいて。

孔子が弟子に説いたように、「人にされた嫌なことをしない」だけでコミュニケーション力は格段にアップします。

**「嫌なことをされたら何が嫌だったか覚えちょけ。同じことを人にしなければそれだけでみんなから好かれるぞ」**（『マグロ船で学んだ人生哲学』講談社）。

これはマグロ漁船に乗っていた齊藤正明さんが、漁船の親方に教えられたことだそうです。

コミュニケーション力というと、おもしろい話をしないといけないとか、相手の話を聞くことが大切だとか、さまざまなスキルが必要だと思うかもしれませんが、**コミュニケーションで一番大切なこと、それは、「相手の嫌なことをしない」ということです**。このことが抜け落ちていたら、どんなに話がおもしろくても、どんなに人の話を聞いても、コミュニケーションスキルはアップしませんし、人間関係は構築できません。

## 嫌なことをしないだけなら、誰でもできる

書店には、できる人間になる方法について書かれた数多くのビジネス書が並ん

でいます。その本を書いている著者はたいていの場合、成功者です。なので、その本で提案される方法は、言ってしまえば「成功者のマネ」になります。マネから始めるのも大切だと思いますが、問題なのは、それが実践できる人はわずかで、多くの人がそのハードルの高さに挫折してしまうことです。成功者には意志が強い人が多く、並はずれた努力や根性の結果、そのポジションを築いた人が多いので、普通の人はマネしようとしても難しいところがあります。読者の中にもチャレンジしてあきらめた経験のある人がいるかもしれません。

それと比較すると、**「自分がされた嫌なことをしない」なら、誰でもできることだと思いませんか。**「人と話しているときは時計を見ない」「いきなり怒鳴らない」など、意識しておけば、それほど難しいことではないはずです。

これくらいのことなら、明日からでも実践できますし、効果はすぐに現れます。

06

# なかなか気づかない自分のアラを探してみる

## 人の振り見て我が振り直せ

ここまで読んでいただいた方にはもうわかってもらっていると思いますが、「嫌なことを探すこと」は決してネガティブなことではありません。仕事ができる人、ビジネスで成功している人、目標を達成している人は、「嫌なこと」にしっかり対応できる人です。

ここまでは、人にされて嫌なことについて書いてきました。しかし、**逆に考えると、あなたも人に嫌なことをしている可能性があります**。でも、自分が誰かにしている「嫌なこと」はなかなか気づかないものです。

「人の振り見て我が振り直せ」という言葉があるように、昔から生きる上で大切にされてきた考え方ですが、実践するのは簡単ではありません。なぜなら、人間は自己評価が甘い生き物だからです。自分は大丈夫、自分はそんなことをしていない、自分はできている……、そんな風に思ってしまう人が多いのです。

# 他人の欠点は目につき、自分の欠点には気づかない

**「知は目の如し、百歩の外を見て、睫を見る能わず」**

これは『韓非子』の中に出てくる言葉で、目は遠くは見えても、まつ毛は見ることができない、という意味です。解説すると、**他人の欠点は目についても、自分の欠点には気づかない**ということになります。

自分の言動より、冷静に客観的に観察できるのが他人の言動。だから、他人から受ける「嫌なこと」で自分の課題を学ぶのです。

「挨拶もせずに、いつのまにか帰っている上司」
「自分の意見はいつも正しいと思っているのか、なにか意見すると不機嫌になる同僚」
「自分のこだわりを最優先して、上下関係まで忘れる部下」
「こちらが希望することは何でも聞いてくれると思っているクライアント」

**そんな人たちのことを「嫌だなあ」と思っているあなたが、実は他の人からはそう思われているかもしれません。**

自分の課題にたくさん気づくためにも、たくさんの「嫌なこと」をノートに書き込み、そして常に、「自分は大丈夫か？」「自分は同じことをしていないか？」、自分自身に問い直してください。

自分がしたかもしれない「嫌なこと」を心掛けられるようになると、コミュニケーション力が上がり、ますます人から好かれる存在になっていきます。

07

# 思い切って自分へのクレームを聞いてみる

## 松下幸之助が語る「自分の欠点の探した方」

自分では気づかないうちに、相手に嫌な思いをさせていることはよくあると書きましたが、ではどうやって自分がした「嫌なこと」を探せばいいのでしょうか？　ひとつの方法が、仲のいい友人や家族に自分がしている「嫌なこと」を聞いてみるということです。

企業でいえば、**クレームを受け入れる**ということになるでしょうか。第3章で紹介しますが、牛角やユニクロは、クレームを活用して企業を成長させるきっかけを作ってきました。この方法は、個人の成長にも当てはまります。

**何を言われるかわかりませんから、思ってもみなかった自分の「嫌なこと」を知ることになるかもしれません**。そのため、少々勇気が必要ですが、「自分へのクレーム」を聞き出すことができれば、自分を大きく成長させる糧になるのは間違いありません。一度聞いても損はないはずです。

**松下幸之助氏は「自分の欠点は見えにくいものだから、他人からの指摘は喜んで聞きなさい」と語っています。それが成長の礎になるとも話しています。**

## 叱られたときは、自分の「嫌な部分」を探すチャンス

自分へのクレームをわざわざ聞かなくても、松下幸之助氏が語るように他人から指摘されることがあります。それが「叱られる」ときです。

たとえば、会社で上司から叱られたとき。機嫌が悪いというだけで叱られたり、責任を押し付けられて叱られたりと、理不尽な叱られ方をされたときは、それを「嫌なこと」のひとつとしてノートに書き留めて問題ありません。しかし、ここで気をつけておきたいことは、「嫌だなあ」と感じたことは、あくまで主観であるということです。上司には愛情が伝わる叱り方ができる人と、そういうことが苦手な人がいます。

叱られときは、「嫌だなあ」と感じたことは、それは「嫌なこと」としてノー

トに書き留めて、さらにもうひとつ、**叱られた理由を考えるようにしましょう。**上司へのネガティブな感情は一度捨てて、素直に叱られた事実を考えてみることです。

もしかすると「挨拶することを忘れていた」「思わず言い訳を先にしていた」「自分の責任を、部下の責任にしていた」など、そこには、自分がしてしまった「嫌なこと」があるかもしれません。

## 自分へのクレームを会社経営に活かす社長

そんな**自分へのクレームを会社経営に活用している人がいます。**

個人消費が低迷する今の時代に、10年間で売上高を50倍にした某メーカーのオーナー社長であるBさんです。主力ブランドは、商品品質だけでなく販売オペレーションの分野でも圧倒的な優位性を築き、有名女優を起用したCMとの相乗効果で既存店前年比130％を超えるほどです。

そんな**B社長が常に持ち歩いているものが、自分への社員の不満をまとめたメ**

**モ**です。

とかくオーナー社長の会社は、トップダウンで仕事が進められ、いつの間にか社員との距離が離れることがよくあります。そうなると、いくら社長が「社員に意見を出してくれ」と要望しても、社員もなかなか言いづらく、社長の顔色を見た意見しか出てこなくなる。そういう会社は、ゆくゆくは会社がダメになってい く傾向にあります。そのため、そうなる前に、意見を自由に言うことができ、社内の風通しを良くするためにB社長が着手したのが、「**自分に対するクレーム募集**」でした。

そこで集められた不満やクレームを、B社長は「**すぐ直す**」「**時間をかけて直す**」**に分け**、A4用紙に書き込み、時間があるごとに読み返しているそうです。

好業績の裏には、自分がしている社員に対する「嫌なこと」を少しずつ解消する社長の姿があったのです。彼が、コミュニケーション力の高い人であることは、間違いありません。

B社長は、昨今の若手経営者には珍しく、「誰ひとりも会社を辞めてほしくない」と堂々と語っています。本書の冒頭で職場のストレスの原因第1位は、上司でした。B社長のように不満やクレームを言える環境なら、社員はストレスが少なく、不機嫌な職場ではなくなっていくはずです。

「自分へのクレームを聞く」という行為は、自分が非難されているように思えてしまい、なかなかハードルが高く感じるかもしれませんが、**もし聞くことができれば、あなたを大きく成長させる情報になります**。

ただし、くれぐれも、**言ってくれた人を恨んだり、根に持ったりはしないこと**。そうなると、聞いたことが逆効果になってしまいます。

08

# 「嫌なこと」がわかると人のいいところも発見できるようになる

## 「嫌なこと」と「いいこと」は裏表の関係

たくさんの「嫌なこと」に気づけるようになることは、裏を返せば、それだけ上司や部下、同僚といった他人の「いいところ」や、商品やサービスの「素晴らしいところ」に気づけるようになるということです。

たとえば、いつも残業している自分を「嫌だなあ」と思ったとします。そうすると、ほとんど残業しない同僚の姿が気になります。「どうしてあいつは残業しないで仕事を終えることができるのだろう」と。そうなると、その人の生活スタイルが気になります。

朝早い時間から仕事に取り組んでいる、机が整理整頓されている、時間を上手に使っている、仕事に集中する姿勢など、**「嫌だなあ」と思ったことをきっかけに他人のいいところが目につくようになります**。他の人の「いいところ」に気づけるようになると、それが自分の嫌なこと解消のヒントになることもあります。

たとえば、ショッピングに出かけたとき、入ったショップの入口にゴミが落ちていることに「嫌だなあ」と感じたとします。「嫌なことノート」に書き出してインプットされると、次にショップへ行くときは自然と入口に目が行きます。もしゴミが落ちていなければ、「この店いいなあ」と思います。些細なことかもしれませんが、**「小さな嫌なこと」に気づけるようになると、「小さないいこと」にも気づけるようになる**ということです。

「嫌なこと」と「いいこと」は裏表の関係です。

「嫌なことノート」を継続していくと、小さなことにも目を向けられるようになるので、世の中にたくさん隠れている「いいこと」にも気づける人間になれます。

つまり「嫌なことノート」を継続すると、**自然と高感度人間になれる**ということです。

高感度人間になれれば、つい見逃してしまうような仕事や生活のちょっとしたことにも目を向けられるので、仕事や人生に生かせるヒントをどんどん発見できるようになります。

## 高感度人間になると、「嫌なこと」も「いいこと」もアンテナにかかる！

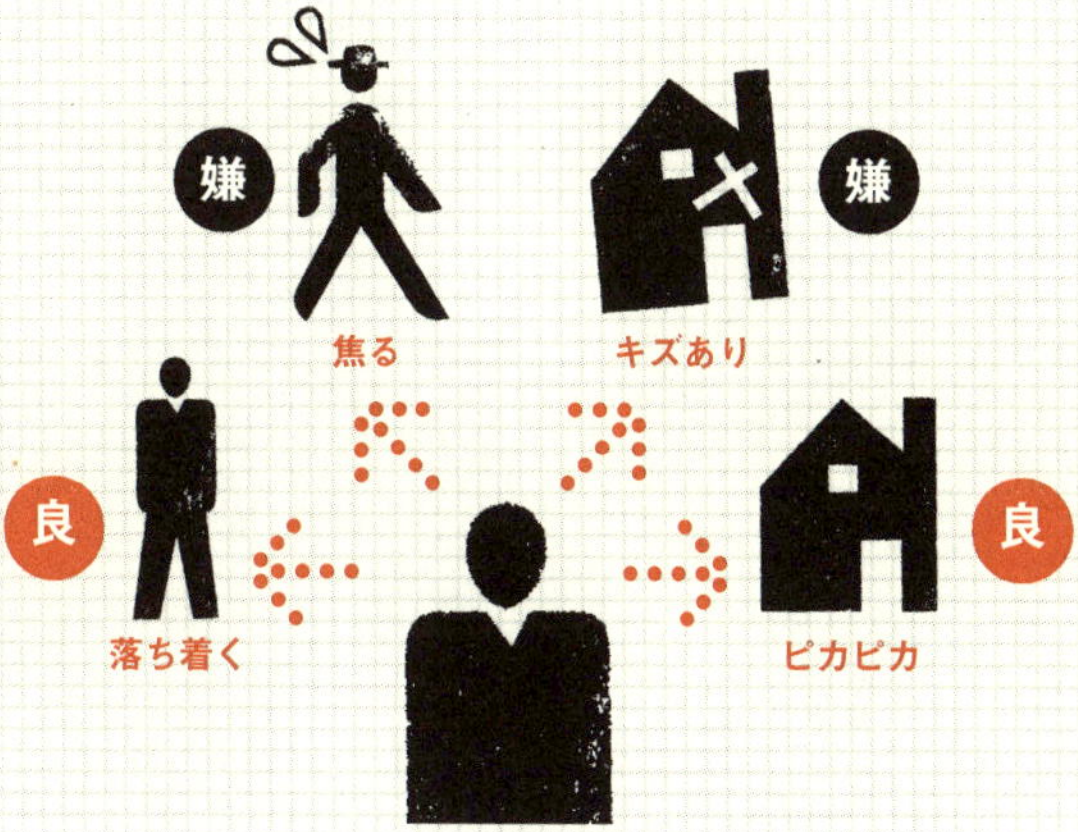


小さなことでも「嫌なこと」に気づき始めると
小さな「いいこと」も見えてくる

第3章

# 「嫌なことノート」で仕事ができる人になる

09

# 嫌なことには
# 成功のヒントが
# たくさん隠されている

# 1日の中に「嫌なこと」はいくらでもある

**嫌なことには、仕事がうまくいくヒントがたくさん隠されています。**「嫌だなあ」「困ったなあ」「不便だなあ」と思っていることは、裏を返せば、それを解決すれば仕事がうまくいくことにつながるのです。

広告代理店で働く営業のCさんに、1日にあった「嫌なこと」を書き出してもらいました。

**①資料を見つけるのに30分もかかった。**

午前中までにS社の新商品の販促企画を企画書としてまとめなければならなかったのですが、昨日、積み上げていた資料の一番上に置いて帰ったつもりだったS社の資料が見つかりません。上から順番に資料を見ていってもなかなか見つかりません。もしかすると、足下に積み上げていた資料の上だったかなと思って探しても、やはり見つかりません。結局、S社の資料は、昨日帰り際に読んでいたビジネス月刊誌に挟み込んでありました。資料探しに30分。何やってんだオレ。

**②ダラダラと長いメールを読まされ、イライラした。**

企画書を書き終えて、ひと段落したところで忘れていた本日のメールチェック。取引先M社の担当者からのメールを見てうんざり。いつものダラダラとした長い文章で、最初はいつものプライベート話。途中で読むのがバカらしくなったけど、連絡事項がどこかに書かれているはず。結局、最後までひと通り目を通してわかったことは、「来週どこかで打ち合わせの時間が取れないか」。それを最初に書いてくれよ、まったく。打ち合わせはいいけど、目的が書かれてないよ、このメール。

**③間の悪いタイミングで上司から呼び出された。**

なんとか打ち合わせまでに企画書が間に合ったS社とのアポイント時間が迫っているときに、やってくれたのが間の悪いY課長。打合せに持参するものを用意しているのが見えているにも関わらず、「C君、ちょっといいかな」「S社のアポがあるので後でいいですか？」「すぐに話は済むから」「ほんのちょっとだけですよ」「O社のプレゼン失敗したんだって……」。気になっていることを突っ込まれて、思わずY課長に反論していたことで、S社に10分遅刻。これで仕事が受注できなかったらY課長の責任だから。

**④仕事をふって部下から嫌な顔をされた。**

S社との打ち合わせが終わった後に帰社してからのことです。1週間後のK社との打ち合わせのための資料集めを、営業アシスタントのH君に頼もうと思って声をかけたら、露骨に嫌な顔。何か悪いことしたかなあ。Y課長みたいに間が悪かったかなあ。忙しいのかもしれないけど、いきなりそんな顔をするのはかんべんしてほしいよな。物理的に無理なら他の人に頼むのに。

**⑤足をデスクにぶつけて痛かった。**

本日最後の嫌なことは、実は痛かったことです。さあ、帰ろうと思って立ち上がって課長の席に報告書を持っていこうとしたところ、デスクの角に太ももをぶつけてしまいました。痛いのなんの。なんでデスクの角は、そんなに尖っているんだよ。

Cさんは1日で5つの嫌なことに遭遇しました。

## 「嫌なこと」の仕事への活かし方

嫌なことを書き出してもらったCさんに、今度はその「嫌なこと」をどうしたら仕事に活かせるか考えてもらいました。

「デスクの上がぐちゃぐちゃで企画書を書くための資料探しに時間がかかった」

→**「資料をクライアントごとにファイリングする」**

クライアントごとに資料を整理するだけで、企画書作成のために必要な資料探しがラクになります。仕事効率は、ファイリングする前よりはるかに上がるのは間違いありません。また、**過去に資料探しに30分もかかって嫌だったとはっきり**

**認識する**ことで、ファイリングをすることが習慣化してきます。

「ダラダラと長い文章で、何を伝えたいのかわからないメールが届いた」

↓**「自分で書くメールは用件だけを箇条書きにする」**

用件が明確なメールなら、送られた相手がどんな返信を求めているのかわかりやすくなります。さらに、こちらが簡潔なメールを送ると、**相手も短い文面での返信を意識してくれます**。長い文章で読むのが面倒くさいと相手に読み飛ばされる確率も低くなるでしょう。

「アポイントの時間が迫っているときに、上司に呼び止められて、結局10分遅刻した」

↓**「自分は声をかけるときには、相手の状況を確認する」**

相手の仕事のタイミングを見計らって声をかけると、相手は快く耳を傾けてくれます。冷静に聞いてくれると、誤解されることも少なくなります。相談事なら、真剣に考えてくれることにもなるでしょう。

「部下に頼みごとをしたら嫌な顔をされた」

↓

**「人に頼みごとをされたら、自分はまずは笑顔で内容を聞く」**

笑顔で対応するだけで頼む側は気持ちよく内容を話すことができます。内容によっては断ることもあるでしょうが、仮に断ることになっても、相手も「無理言ってごめんね」という気持ちで受け入れることができます。

「デスクの角に太ももをぶつけて悶絶した」

↓

**「太ももをぶつけても痛くないように角にクッションをつける」**

太ももをぶつけても痛くないようにするには、他にもいろいろ考えられます。角を丸くする、角に保護材をつける、テーブルの素材を軟らかいものに変える、テーブルのデザインそのものを変える。Cさんの仕事とは直接関係ないかもしれませんが、新しい商品のアイデアになるかもしれません。

Cさんの対策がベストとは限りませんが、嫌なことをヒントに、仕事力が向上するアイデアが生まれたのは確かです。

ここであげた5つの対策をすべて実践できるようになると、Cさんは**5つもスキルアップする**ことになります。ひとつひとつは小さいことかもしれませんが、**毎日同じことを続ければ、1ヶ月でなんと、150個**。たった1カ月間で、見違えるほどの成長ができるのです！

# 10

# 嫌なことへの
# 対応で
# 仕事の能力がわかる

## できない人は「嫌なこと」をストレスに感じるだけ

**「三流の人は、人の話を聞かない。二流の人は、人の話を聞く。一流の人は、人の話を聞いて実行する」**。これは将棋の羽生善治名人の言葉です。「嫌なこと」への対応でも同じことが言えます。

「はじめに」で話したように、人間の思考の7割はネガティブ思考といわれています。しかし、できる人は7割もネガティブに捉えているとは思えないし、逆に、できない人はもしかすると7割以上ネガティブなことを考えているように思えます。なぜなら、できない人は「嫌なこと」をそのままにしておくので、**「嫌なこと」が次の「嫌なこと」を生み出し、どんどん負のスパイラルに陥る**からです。

できない人は、「嫌なこと」をポジティブに捉えようとしません。ただストレスに感じるだけ。自分を成長させるたくさんのヒントに遭遇しながら、「嫌なこと」からできるだけ早く逃避しようとします。忘れる、我慢する、無視する……。

でも、実際に忘れることなどなかなかできず、モヤモヤ、イライラがたまっていってしまう……。

これでは、いつまでもストレスにオサラバできません。

## できる人は、「嫌なこと」をしないように心掛ける

できる人は、「嫌なこと」を活用する方法を2つ知っています。

**ひとつは第2章でも紹介したように、「自分が嫌だと思ったことを人にはしない」と心掛けること**です。

たとえば

「何かとすぐに怒鳴る上司」

↓「自分は怒鳴らない」

「部下に責任転嫁する上司」

↓「自分は責任転嫁しない」

「女子社員にセクハラ発言する上司」

↓「自分はセクハラ発言しない」
「嫌なこと」をした人を**反面教師**にしているだけですが、これだけでも仕事力はアップします。

もうひとつは、**「嫌なこと」を解消している人をマネること**です。

周囲を見渡すと、自分が感じた嫌なことと正反対の状態の人がいませんか？

「いつもデスクが整理整頓されている人」

「わかりやすいメールを送ってくれる人」

「いつもタイミングよく声をかけてくれる上司」

その人たちをそのままマネるだけでも仕事力はアップします。

## さらにできる人は「嫌なこと」を工夫する

さらにできる人は、「嫌なこと」から得たヒントを、別の「嫌なこと」解決に活用します。

たとえば

「資料探しに時間がかかる」
↓「資料ごとにラベルを貼って表示する」

すごくできる人は、「表示すること」が時間短縮に効果的なことに気づくと、

「初めてオフィスに来た人が迷わないようにフロアマットにマップを表示する」

「来客がドアをガタガタ動かさないように、押す、引く、を表示する」

「頭をぶつけないように、危険物が上にあることを表示する」

など、**他の嫌なこと対策にも転換して、実践できる**のです。

言われてみると、それほど画期的なことでないかもしれませんが、転換できるようになると、ひとつの「嫌なこと」からいろいろなアイデアを生み出すことができるようになります。


**できる人になるためには、まず「嫌なこと」を避けずに注目すること**。そこからスタートしてください。

# 「嫌なこと」への対応はこんなに違う!

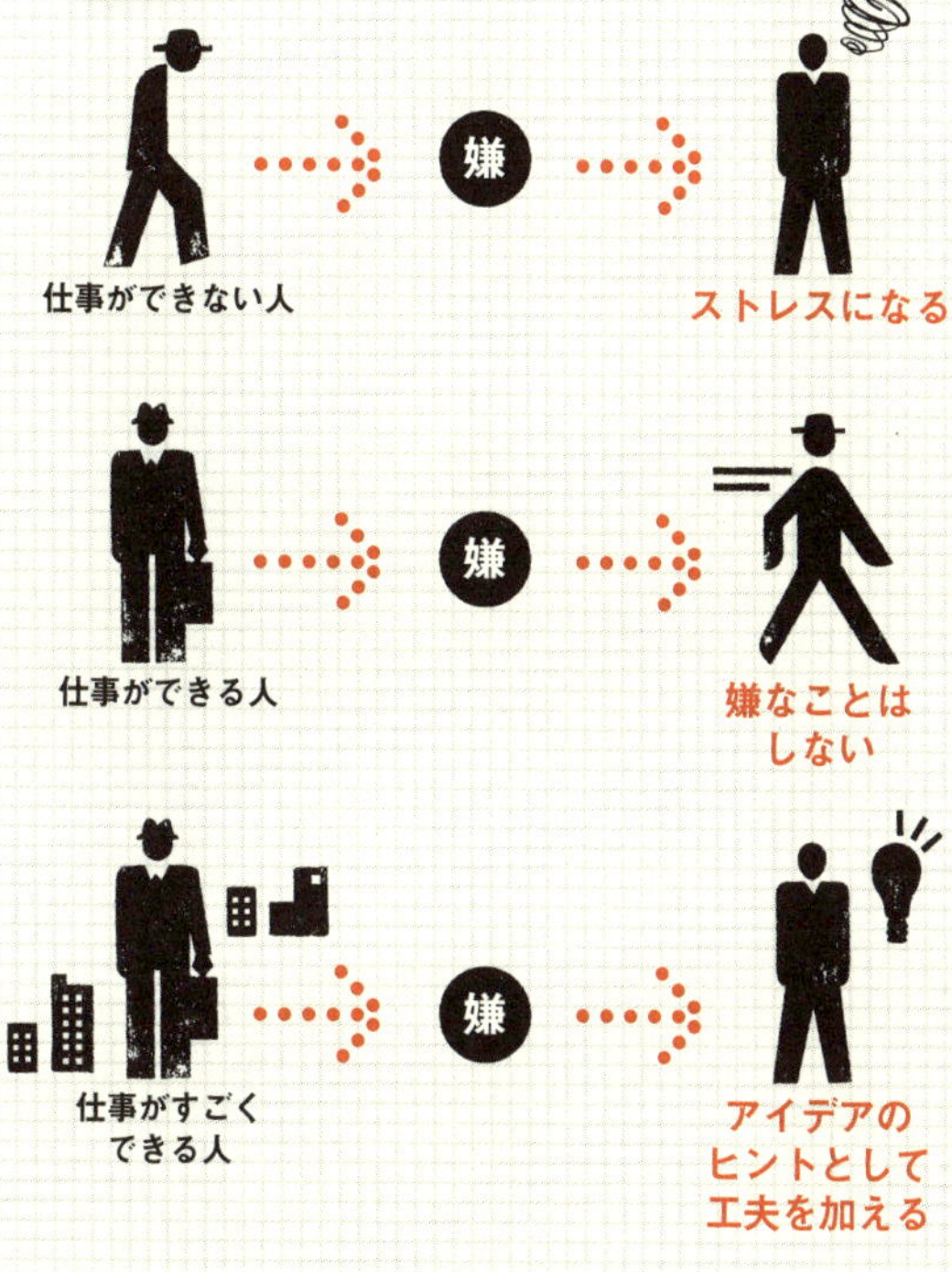

# 11 ヒット商品は「嫌なこと」から生まれている

## 嫌なことを解消してあげることがアイデアの原点

「嫌なこと」を活用すると、仕事のアイデアがどんどん湧き出てきます。まずは、実際に**「嫌なこと」に注目して、成功したビジネス事例を紹介しましょう。**

●100万円で全国的にクレーム（嫌なこと）を募集しサービス改善に成功した「ユニクロ」。

●クレーム（嫌なこと）を言ってくれたお客様は300円割引を原点に全国チェーンまで成長した焼肉の「牛角」。

●「スキー場の昼飯はまずい」という「お客様の嫌なこと」をヒントにスキー場を再生した「星野リゾート」。

●「借りに行くのも、返しに行くのも面倒くさいなあ」という「嫌なこと」を解決してくれるTSUTAYAの宅配レンタル。

これはほんの一例です。「嫌なこと」にヒントを得ることで、このようなアイデアやビジネスを、どんどん生み出すことができるのです。

2010年のヒット商品ランキングにも、**「嫌なこと」を解消してくれる商品が多数ランクインしていました。**

**●電動歯ブラシ　ポケットドルツ**
**かさばる、音がうるさい、重いといった従来の電動歯ブラシの「嫌なこと」を一気に解決**したポケットドルツ。化粧ポーチに入ることから女性に大人気に。発売5カ月で100万台を超える大ヒット商品に。

**●チンしてこんがり魚焼きパック**
電子レンジでは焦げ目がつくように魚が焼けない、**ガスコンロで焼くのは煙が出るし、後片付けがたいへんだから嫌だ。**そんな、こんがり焼いた魚を食べたいけど、家庭ではちょっとと思っていたお母さんたちに大好評。発売3カ月で目標年間売上の50%を突破。一時は生産が追いつかなくなったことも。

### ●ポテチの手

**ポテトチップスを食べた手でパソコンのキーボードを叩くのは嫌だなあ、ゲーム機のコントローラーを持つのは嫌だなあ、**を解決してくれる、自分の手の代わりにポテトチップスをつかんでくれるマジックハンド。販売直後から売れ行き好調で、製造工場はフル稼働。

「面白いアイデアを出しなさい」「画期的なアイデアを出しなさい」と言われても、どこから考えていいのか難しいですよね。

そんなときにヒントになるのが、嫌なことです。

「電動歯ブラシをオフィスで使えない」

「魚を焼いた後の掃除は手がかかるなあ」

「ポテトチップスを食べた手でキーボードに触れたら油っぽくなった」

日常、誰もが遭遇しそうな「嫌なこと」ばかりです。**こんな当たり前の「嫌なこと」がベースになって、ヒット商品が生まれているのです。**もし、あなたの

「嫌なことノート」に、そんなことが書かれていたら、あなたがヒット商品の開発者になっていたかもしれません。ノートに書かれている「嫌なこと」で、それを解決してくれる商品がないとしたら、それこそチャンスです。

**世の中にある商品やサービスを眺めてみると、実はその多くが「嫌なこと」を解消してくれるものばかり**。左の表は『日経トレンディ』が発表している2009年、2010年のヒット商品ランキングです。赤字の商品は「嫌なこと」を解消することがベースになっているものです。

**2010年
ヒット商品
ランキング**
(日経トレンディ)

1 食べるラー油(具材を食べられるラー油)
2 3D映画(アバター)
3 スマートフォン(iPhone、Xperia)
4 プレミアムロールケーキ(ローソンのオリジナルデザート)
5 iPad(タブレット型コンピュータ/アップル)
6 ポケット・ドルツ(携帯用電動歯ブラシ)
7 低価格LED電球
8 チンしてこんがり魚焼きパック(電子レンジで魚が焼ける)
9 ハリナックス(針のないホッチキス)
10 1杯でしじみ70個分のちから
11 平城遷都1300年祭
12 アタックネオ/トップナノックス(コンパクト洗剤)
13 ルルド　マッサージクッション(マッサージ付きクッション)
14 Pocket WiFi
15 怪盗ロワイヤル(オンラインゲーム)
16 鮮度の一滴(パウチ容器を採用したしょうゆ)
17 エアマルチプライアー(羽のない扇風機)
18 ジガゾーパズル(自画像を作ることができるパズル)
19 NEXシリーズ(ミラーレス一眼レフカメラ/ソニー)
20 フリクションボールノック(消せるボールペン)

**2009年
ヒット商品
ランキング**
(日経トレンディ)

1 プリウス/インサイト(ハイブリッドカー)
2 キリンフリー(ノンアルコールビール)
3 ドラゴンクエスト
4 抗インフルエンザグッズ(マスク、イオン発生機等)
5 国宝　阿修羅展
6 ドット入り罫線ノート(点を入れただけで2000万冊ヒット)
7 ウーノ　フォグバー(男性用整髪料)
8 ポメラ(メモ取り専用マシン)
9 蒸気レスIH(スタイル重視の炊飯器)
10 990円ジーンズ(ユニクロ、ジーユー、他)

※色文字は、「嫌なこと」がベースになっている商品

12

# 「嫌なこと」には顧客心理が隠されている

## 「嫌なことをまず解消したい」という人間心理

なぜ、「嫌なこと」に注目すると、ヒットが出るのか？　その秘密は「顧客心理」にあります。マーケティングの世界では、「顧客のニーズを読め」「顧客の心理を探れ」ということがよく言われます。しかし、**いまのようにニーズが細分化し、モノを日本人が欲しがらなくなった時代では、ニーズを読むことは簡単ではありません**。でも、ひとつだけ、ニーズを読む、とってもシンプルで簡単な方法があります。

それが、「嫌なこと」です。

これまでも書いてきましたが、**人間は「嫌なこと」が何よりも嫌い**です。そして、不快なことがあると、すぐにストレスがたまるようにできています。

その最たる例が、「痛い」です。痛みほど「嫌なこと」はないのではないでしょうか。歯が痛い、おなかが痛い、頭が痛い……、それだけでもう気分は落ち込み、やる気は失せ、とにかく痛みを取ることが最優先になります。

人は「嫌なこと」を我慢するのが、なりより「嫌」。そこに顧客心理が隠されています。「嫌なことを解消する」ことができる商品やアイデアであれば、ヒットする確率は一気に上がるのです。

なにか企画やアイデアを考えないといけないとき、まずは難しく考えないで、**「嫌なこと」を入り口に考えてみてください**。きっと、切り口が見つかるはずです。

## 全国の苦情・クレームを集めた福井商工会議所

全国から「嫌なこと」が集まっていた場所があります。

福井商工会議所が運営するホームページ「苦情・クレーム博覧会」です（現在、今後の展開を検討するため休止中）。

**消費者から日頃感じている苦情やクレームを投稿してもらい、それを商品の開発やサービス向上に役立ててもらう**ことを狙いとして誕生したサイトです。地元企業ばかりでなく、大企業もこのサイトを利用していました。

この情報をもとに開発された代表的な商品が、地元福井の傘店が発売している、**ひと振りすると水滴が落ちるという傘**。「雨の日に、混んだ電車の中で、傘で服や靴がぬれる」という苦情から生まれた商品です。1本3万円以上する高級傘ですが、注文に生産が追いつかない状態が続いているそうです。

このサイトから誕生した商品はこれだけではありません。

「新しいタオルは水を吸いにくく使えません。ほつれることがよくあります」という苦情から生まれた、福井県内の植物を使用した草木染加工で、環境にも優しく、吸水性も高いタオル。

「温度を抑えて、エアコンの使用を減らせないか」から生まれた、窓辺にアサガオなどを育てて植物で日光を遮る、緑のカーテン。

「1カ月入院したときに、シーツに熱がこもって嫌な気分だった、自分で交換することもできないし」から生まれた、高い通気性、通水性、クッション性を持つ空気が出入りするベッドパッド。

年間3万〜4万件の苦情やクレームが寄せられ、企業の商品やサービス開発のヒントとして大いに活用されていました。

## 管理セクションや営業セクションにも活用できる！

「嫌なこと」は、なにも商品開発だけに使える方法ではありません。管理セクションでも、営業セクションでも、そのほかの仕事でも、もちろん活用できます。

人事や総務のセクションであれば、**社員が会社に対して思っている「嫌なこと」を集める**ことで、社員満足度を高めるアイデアが生まれるでしょう。営業セクションであれば、**クライアントの「嫌なこと」**に、売り上げアップの秘けつが隠れています。

どのセクションであれ、まずは「嫌なこと」を集めることからはじめてみてください。**部署内でテーマを決めて持ち寄る**のもいいですし、**社内アンケート**などから集めるのもいいでしょう。最初の一歩は、「なにを嫌だと思っているか」を知ることからです。意外に自分たちが考えていたこととは違うことを嫌だと思っていたりするかもしれません。

たとえば、ある調査によると、**オフィスで女子社員が一番不満に感じているのは「空調設備」**だそうです。なぜなら、内勤者は空調の影響を四六時中ダイレクトに受けているからです。寒かったり、逆に暑かったり、乾燥してたり……。こういう視点などは、社内のどこに座っているかでも変わってきますから、人によってはまったく気づかないことかもしれません。

このように、自分が思っている「嫌なこと」はもちろん、ほかの人にも「嫌なこと」を聞いてみることで、新しいアイデアが生まれてきます。ぜひ「嫌なこと」をあちこちから集めてみてください。

13

# 「お店の悪口を言ったら300円引き」で急成長した牛角

## 「悪口言って100万円」の広告を出したユニクロ

企業がお客様にしている「嫌なこと」を知る方法。それがお客様からのクレームです。クレームを経営にうまく活かして成功している企業の例をここでは紹介します。

松下幸之助氏は著書『思うまま』の中で次のように語っています。

「お客には、あまり文句を言わない人とあれこれ細かい注文をつける人の2種類がある。あまり文句を言わずに買ってくれるお客もありがたいが、よく考えてみると、**よりありがたいのは苦情をよく言ってくださるお得意様ではなかろうか**。その注文や苦情が、自分の商売ぶりや、商品の改善のために非常に役に立つからである」

全国から大々的にクレームを集めたのがユニクロでした。ユニクロは1995年、全国紙の一面に**「ユニクロの悪口言って100万円」**という広告を掲載しました。約1万通の応募があり、実際に100万円支払われたそうです。このコンテストの結果、ユニクロは大幅な顧客サービスの改善に成功しました。

現在は、お客様からの声は電話、メール、店頭、ハガキなどで集められ、お客様の生の声を届けるために無加工のまま（個人情報は伏せて）、毎日、社長以下全社員にメールで配信しているそうです。その声の数は1日に100～200件になると、ユニクロ広報の方が教えてくれました。

## オープン直後、閑古鳥が鳴いていた「牛角」1号店

**クレームを生かして急成長を遂げたのが、「牛角」「しゃぶしゃぶ温野菜」「土間土間」などの外食チェーンを幅広く展開するレインズインターナショナル。**その中核となる国内638店舗、海外24店舗の「牛角」の成功は、自分たちからクレームに耳を傾けることから始まりました。

「牛角」の第1号店は、1996年、東京の三軒茶屋にオープンした「焼肉市場七輪」。不動産業を本業としていた西山知義社長の、「うちにしかできないものを提供したい」「お客様の喜ぶ顔がダイレクトに見られるものがいい」という思い

から生まれた新しいビジネスでした。

西山社長以下、外食産業未経験者でつくった17坪の小さな焼肉店。開店初日は、新聞の折り込みチラシの効果もあったのか、開店前から長蛇の列。西山社長が成功すると小躍りしたのは、その行列を見たときです。

しかし、現実は甘いものではありませんでした。**予想を超えるお客様の数が、皮肉にも素人集団の未熟さを思い知らされることになります**。

注文の品をスムーズに出せない、注文の品を間違える、順番を間違える。飲食業ではあってはならない初歩的なミスを次々に犯し、お客様の不評を買っていくことになります。お客様は正直です。初日の行列は何だったのか、あっという間に「七輪」は閑古鳥が鳴く状態になります。**1日の来店客数、わずか5人**。これではビジネスになりません。

## 「お客様へ　当店の悪口を言ってください！」

そこで西山社長が考えたことが**「お客様から店の悪口を聞く」**ということでした。そうすれば、店の改善点が見えてくるということです。

そうして店内に張り出したのが次の内容の紙です。

**「お客様へ**
**当店の悪口を言ってください!**
**レジにて代金を300円引きにします!」**

値引きしてもらいたいがために、適当なことを言いそうなお客様もいそうですが、物珍しさもあったのか、楽しみながら店の悪いところを探して答えてくれる人が多かったそうです。そうして集められたお店へのクレームをノートに書き出し、**同じ内容のクレームが5個になったら、その原因を徹底的に分析し、すぐに改善する**ようにしました。

クレームは、提供時間・提供順番、味、店内環境の3つに集中しましたが、この中で、圧倒的に多くお客様に指摘されたのが「提供時間の遅れ」と「提供順番の間違い」でした。デザートの後にサンチュ、七輪を用意する前にカルビなど、その大失敗について、西山社長は、「穴があったら入りたいくらい」と述懐しています。

提供時間の遅れの原因を徹底的に分析したところ、最大の原因は、厨房での食材の配置や備品の使い方に問題があって、作業効率が著しく低下していたことでした。その改善策として考えられたのが、現在でも牛角の各店舗に設置されている、食材が奥まで見渡せるので調理がしやすく提供時間が短縮できる「引き出し式冷蔵庫」です。1回で何席もの網交換ができる「岡持ち式網入れ」も、そのときに考えられたものだそうです。

**悪口を聞き始めてから5カ月後、「七輪」の客足は伸び、閑古鳥が鳴いていたお店に行列ができるようになります。**「悪口で300円値引き」は、約1年続けたそうです。

お客様の声に素直に耳を傾け、悪いところは改善する。このスタンスが、レインズインターナショナルが外食チェーンを幅広く展開する企業に成長した原点にあることは間違いありません。

14

# 嫌なことを「カイゼン」すると時間管理がうまくなる

## 仕事のムダを徹底的になくすトヨタの「カイゼン」

嫌だなあ、不便だなあ、時間がかかるなあと思っていることを解消するだけで、仕事の効率は上がります。そうしたことを常に考え、実践しているのがトヨタの「カイゼン」という文化です。

トヨタの「カイゼン」の文化は、「人間の知恵は無限である」という考えを基本とし、決して現状に満足しないことで常に成長を続けることです。徹底的にムダをなくし、仕事の効率を上げることを日々考え続けているのがトヨタです。

**ムダの発見。**

**これが言ってみれば、嫌だなあ、不便だなあ、時間がかかるなあといった「嫌なこと」に注目するということです。**

**「忙しくなるとすぐに汚くなるデスク」**

**「ランダムに並べられたファイルが画面を覆い尽くしているパソコン」**
**「いつまでも結論が出ない打ち合わせ」**
**「毎回名刺の束から探してしまう取引先の連絡先」**
**「短縮化できるのにしようとしないルーチンワーク」**
**「商談時間より長い移動時間」**
**「整理されずに、ただ集められただけの資料」**
**「誤字、脱字だらけの報告書」**
**「いつもの場所に戻されていない、みんなで共有しているツール」**

## 忙しすぎる毎日から抜け出す方法

自分でも「嫌なこと」だと気づいているのに、そのままにしていることが、誰でもけっこうあるものです。それはトヨタ流に言うと、仕事の効率を妨げる「ムダ」になります。そして、そんなムダなことの解決策を考え、実行するのが「カイゼン」です。

**トヨタでは改善案を考えるときに、本当の原因にたどり着くために「なぜ？」を5回以上繰り返します**。事実を客観的に捉えるためには、それくらい考えなければ、人間はついつい自分に都合がいいように考えてしまうからだと言います。

さらに**ムダの発見と改善を、その日のうちに「やり仕舞い」する**ことを基本としています。今日のことは今日片づける。ムダを残すと、翌日の仕事に影響するということです。

「カイゼン」はこれで終わりではありません。

**「できた」は「つぎの課題ができた」**。

つまりカイゼンして満足するのではなく、さらにムダを探しなさいということです。

カイゼンの文化が世界のトヨタを築いてきました。なんとなく息が詰まるようにも思えますが、これも習慣です。習慣になってしまえば、端から見るほどたいへんなことではないようです。

ムダをなくてして上手に時間を活用できるということは、トヨタの人たちは自分のために自由に使える時間を持っているということにもなります。

同じ仕事なら早くすませて、勉強の時間にしたり、趣味や、家族のために使う。

そうすることで、いまよりもっと充実した人生を送ることができるはずです。

## あなたにもできる「カイゼン力」の作り方

トヨタの「カイゼン」のレベルになれるかどうかはともかく、**あなたも嫌なことに注目すると「カイゼン力」を身につけることができます。**

あなたには面倒くさいなあと思いながら、やり続けている仕事がありませんか。

たとえば、交通費の精算や受発注書の書き込み。同じフォーマットに、毎回、所属部署と自分の名前を書き込んでいることに時間のムダを感じたことはありませんか。


**「書き込み項目に変更がない場所は、事前に印字しておく」**

どうですか。これだけで、「面倒だなあ」と思っていた伝票書きの時間を短縮することができます。同じ文字を何度も書き込むムダはなくなります。初歩の「カイゼン」とは、こういうものです。「嫌だなあ」と思っていてもルーチンワークだから「仕方がない」と処理してきたことを、改めて見つめ直してみる。早く処理する方法を考え出せると、ムダな努力も、ストレスはなくなるはずです。

**小さな嫌なことも、積み重なれば大きなストレスになります。「カイゼン」力をつけて、余計なストレスとはオサラバしましょう。**そのためにも、「嫌なこと」に注目できるようになることです。

## ノートにまとめると時間管理が上手になる

嫌なことの中には、ムダな時間を費やしていることもけっこう出てきます。

たとえば

「駅から徒歩5分のお客様のところへ、道に迷って30分かかってしまった」
「資料を用意せずに打ち合わせして、ダラダラと2時間も話してしまった」
「企画書を見直さず提出して、1時間上司に説教された」
「移動時間に1時間かかるアポイントの入れ方をしてしまった」

「今日も報告書を書くのに30分もかかってしまった」

など、解消すると、いくらでも時間を短縮できる嫌なことはあります。

そんなムダな時間を減らすことができたらどうですか。

「読書の時間にする」

「ダイエットのためのトレーニングの時間にする」

「1日の仕事を反省するに時間にする」

「資格試験のために勉強の時間にする」

「大好きな海外ドラマを観る時間にする」

「子どもと遊ぶ時間にする」

など、**自分にとって価値のある時間に使うことができるのです。**

第4章

# 「嫌なことノート」の書き方

15

# 「嫌なことノート」は自分にとっての外部記憶装置

仕事力がアップする、人間力もアップする、仕事やビジネスのアイデアもどんどん出てくる、さらにイライラもなくなって人生が楽しくなる。ここからは、そんな「嫌なことノート」の書き方を解説します。

**ノートの書き方は、いたってシンプル**。複雑になって書くことが嫌になったら意味がありませんからね。ポイントさえ理解すると、今日からでも始められます。まずは、しっかり書き方を覚えて、さっそく「嫌なことノート」を書いてみましょう。

## 小さな「嫌なこと」は20秒しか記憶できない

どうしてノートに書く必要があるのでしょうか。

それは、**「嫌なこと」を忘れないため**です。

**記憶には短期記憶と長期記憶の2種類**あります。

短期記憶は通常、約20秒で消えるといわれています。一度覚えたこと、目にしたことは1時間後には半分以上を忘れてしまいます。なので、1日に起きた嫌なことはすべて記憶に残っていると自信満々の人がいたとしても、実際は多くを忘れてしまっています。残っているとしたら、それは強く心に突き刺さるほどの「嫌なこと」だけでしょう。

人は思っている以上に「嫌なこと」ですら忘れてしまうのです。そうしないと、**生きるのがどんどん辛くなるので、人間の脳は、しっかり忘れられるようにできています**。

ためしに、3日前にあった「嫌なこと」を思い出してみてください。

ひとつやふたつは思い出すかもしれませんが、ほとんど忘れてしまっていませんか？　忘れてしまっているにも関わらず、「私には嫌なことなんてないんですよね」と、いかにも自分がポジティブ人間であるかのように思っているかもしれません。ストレスがないことはいいことですが、実際は、ただ忘れているだけだったりします。

**忘れてしまっては、せっかく自分を成長させてくれる「嫌なこと」があったの**

**に、もったいない**。

でも、ノートに書き留めておけば大丈夫。大切なヒントをしっかり保存しておくことができます。

長期記憶とは、その名の通り長い期間保持している記憶です。たとえば日本語で会話したり、書いたりするときは、その記憶を呼び戻して使っています。すべての記憶を長期記憶にできるといいのですが、長期記憶として脳に定着させるには、何度も使ったり、復習したりしなければなりません。

**「嫌なこと」を、わざわざそんな長期記憶にすることはありません**。

ただノートに書き留めておくだけでOK。「嫌なことノート」は、自分にとっての「外部記憶装置」だと思ってください。「嫌なこと」の長期保存は、外部記憶装置に任せてしまいましょう。

## 記憶に頼るより書き続けること

「嫌なこと」をノートに一度書き込めば、そのノートを持っている限り、あなたを成長させ、さまざまなアイデアのヒントになる「嫌なこと」はずっとあなたのものになります。

ノートに書き残すことで1日の終わりでも、1カ月後でも情報を呼び戻すことができます。

ほとんど忘れてしまうのが人間です。

「嫌なこと」を見つけたとき、気づいたときには、すぐ書き留めること。**最初は小さい差かもしれませんが、書き続けた人とそうでない人では、やがて大きな差となって現れてきます。**

# 「嫌なこと」はすぐに忘れてしまう!

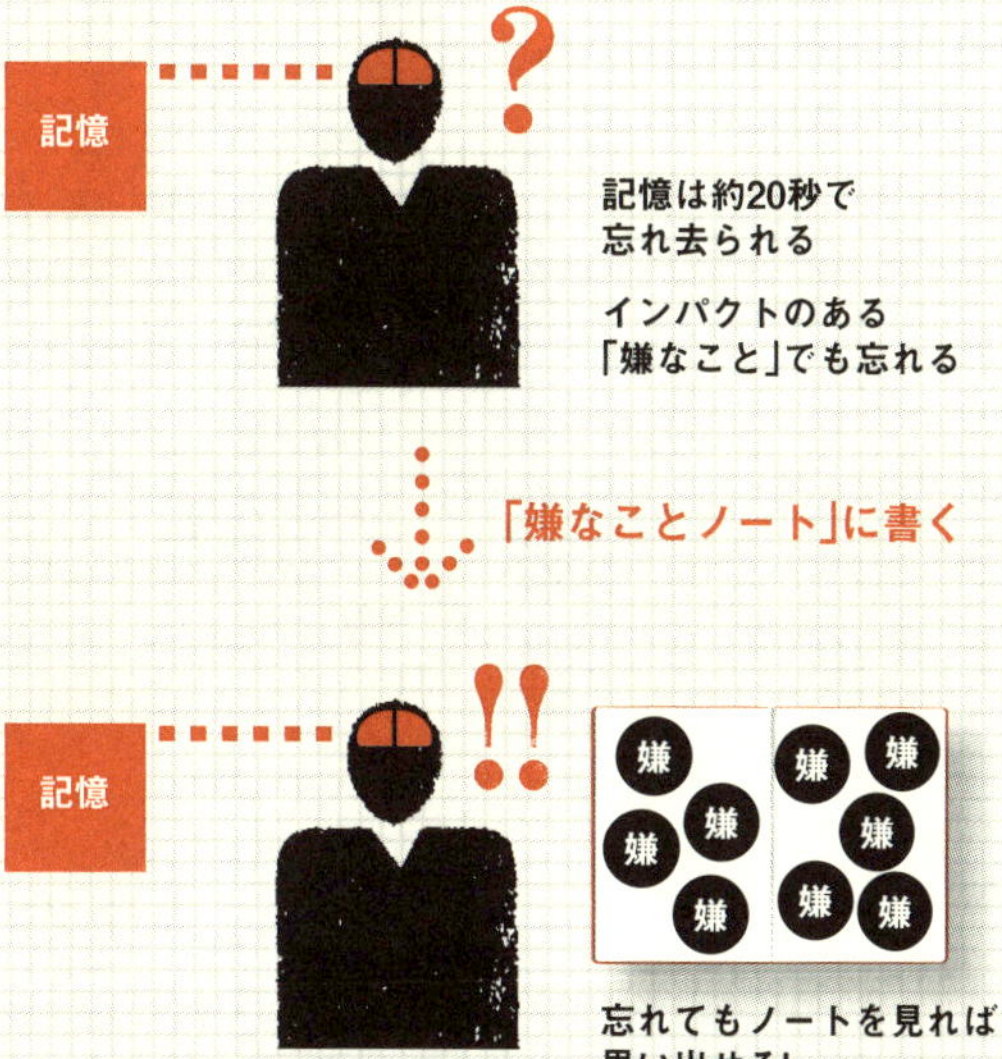
記憶は約20秒で忘れ去られる
インパクトのある「嫌なこと」でも忘れる
忘れてもノートを見れば思い出せる!

16

嫌なことノートの書き方1

# 「嫌だなあ」と思ったことは、できるだけノートに書き留める

## 取捨選択せずにできるかぎり書き出す

「嫌だなあ」と思ったことはどれもノートに書き出してください。

「1時間も身動きできない満員電車は嫌だなあ」
「机がぐちゃぐちゃで、どこに必要な書類があるのかわからなくて嫌だなあ」
「課長がひとりで話し続けるミーティングは嫌だなあ」
「『おつかれさま』のひと言も言わずに帰る上司は嫌だなあ」
「隣のデスクで音と匂いがするせんべいを食べられるのは嫌だなあ」
「会社のトイレが汚いのは嫌だなあ」

どんな些細なことでもかまいません。どんどん書き留めましょう。

**「嫌なこと」が多ければ多いほど、自分を成長させてくれるタネがたくさんあるわけです。**「嫌なこと」はすべて自分のためになるので、できるだけ書いてください。

17

嫌なことノートの書き方2

# 準備するのは「メモノート」と「まとめノート」の2冊

## 機能の違う2冊をうまく活用する

ノートは2冊用意してください。

**1冊は、嫌なことが起きたときにできるだけ早く書き留めておくための「メモノート」**。**もう1冊は、嫌なことをまとめるための「まとめノート」**です。

「メモノート」は常に持ち歩き、嫌なことがあったら素早く取り出して書き留めるためのノートです。取り出すのが面倒なノートでは書き留めることも億劫になり、続けられません。

嫌なことをそのつど書いておくのは、忘れないため。**すぐに書き留められるサイズのノート**を選んでください。

「メモノート」に書き留めた嫌なことを整理するのが、「まとめノート」です。

「メモノート」から「まとめノート」に改めて書き写すことで、**嫌なことをさらに客観的に捉えることができ、嫌なことへの対策も考えつきやすくなります**。また、すぐに解決できるもの、じっくり時間をかけて解決していくものの整理もできます。

18

嫌なことノートの書き方3

# 「メモノート」はケータイのメモ機能でもOK

## すぐ取り出す、すぐ書き留める

「嫌なこと」をもれなく書き留めるための「メモノート」。

「少々お待ちくださいと言われて、30分も待たされた」

**「嫌なこと」は、嫌なことが発生した瞬間に書き留めるのが理想**です。

「嫌なこと」をメモするまでのプロセスが長ければ長いほど、ついつい面倒だと後回しにしてしまいます。電車に乗っているときなどは、ノートを取り出すことさえできないこともあります。後回しにすると、忘れてしまうこともあるでしょう。

**「嫌なこと」を書き留めることをぜひ習慣にしてください**。習慣を身につけるには、とにかく面倒になりそうなことは避けることがポイントです。

だから、日頃携帯しているバッグや洋服、ジーンズのポケットなどからすぐに取り出せるサイズのノートが、「メモノート」には最適です。

# デジタルツールを「メモノート」にする

**「メモノート」には、ケータイのメモ機能やメール機能を使うのもおすすめです。**ケータイメールを打ち慣れた人にとっては、ペンで書くよりケータイに入力するほうが速いかもしれません。

また、電車の中などではケータイの方がメモしやすいでしょう。漢字変換もラクなので、デジタルツールに慣れた人は嫌なことを書き続けるという点でノートよりも合っていると思います。

なかには、書く、入力する時間もない

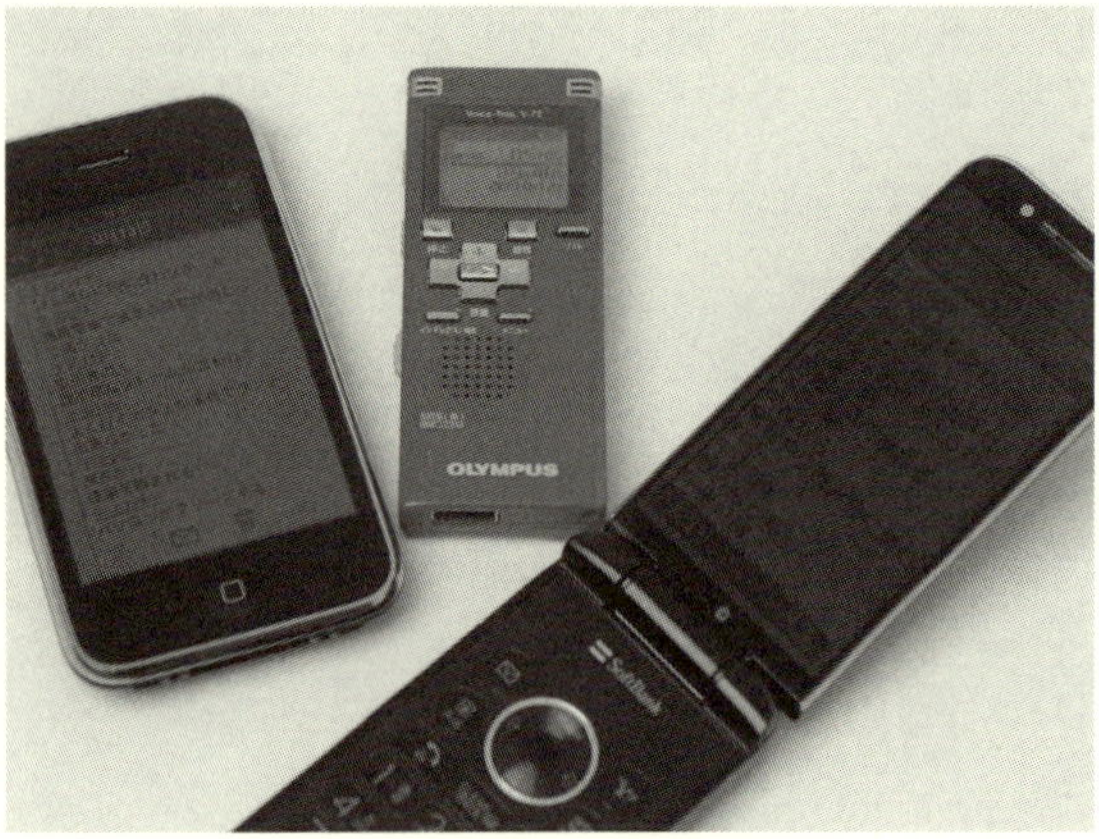

という人もいるかもしれません。クルマ移動が多くメモを取る時間がとれない人もいるでしょう。そういう場合は、**ケータイのボイスメモやボイスレコーダー**を使って音声録音しておく方法もあります。

## メモに残すのは「時間」「場所」「起きたこと」

メモに記録するのは、「時間」「場所」「嫌なこと」の3つのキーワードです。

たとえば、こんな感じで書き留めます。

**「午前11時、会社の電話、横柄な取引先」**
**「午後4時、会議室、理不尽に上司に叱られる」**
**「午後6時、社内、部下、残業しないで帰った」**
**「午後8時、居酒屋、同僚、すごい自慢話」**

メモとしてはこれで十分。「メモノート」は、あくまでも一時的なもの。1日の終わりにもう一度整理するので、時間をかけることなく、簡単に書き留めておきましょう。丁寧に書き留めておこうとすると時間がかかって、逆に継続できない原因にもなります。

19

嫌なことノートの書き方4

# 「まとめノート」は、B6サイズがベスト

## 達成感を得やすいサイズを選ぶ

「まとめノート」はA4、B5、A5、A6、無地、色つき、罫線、方眼など、自分が日頃使い慣れているノートを選んでOKです。コンビニでも購入できる100円程度のノートでも十分です。

大切なのは、**自分が続けやすいものを選ぶ**ということ。モレスキンのような高級ノートが好きな人は、そういうものを使ってもいいでしょうし、ノートカバーやシールを貼るなど、オリジナルにカスタマイズをするのもいいかもしれません。ノートに愛着が持てれば、より楽しく続けていけるはずです。

**「嫌なこと」ノートを実践している人たちから一番書きやすいと評判なのが、B6サイズ**です。サイズが大きめだと、最初の頃は、なかなか嫌なことが埋まっていかず、達成感を得にくい人もいるようです。B6サイズならページがどんどん埋まっていき、嫌なこと探しができている実感を持ちやすくなります。達成感を得られると、続けていくのも楽しくなってきますから、ぜひ自分に合ったノートを選んでください。

A4
A4サイズ(210×297ミリ)
B5
B5サイズ(182×257ミリ)
A5
A5サイズ(148×210ミリ)
B6
B6サイズ
(128×182ミリ)

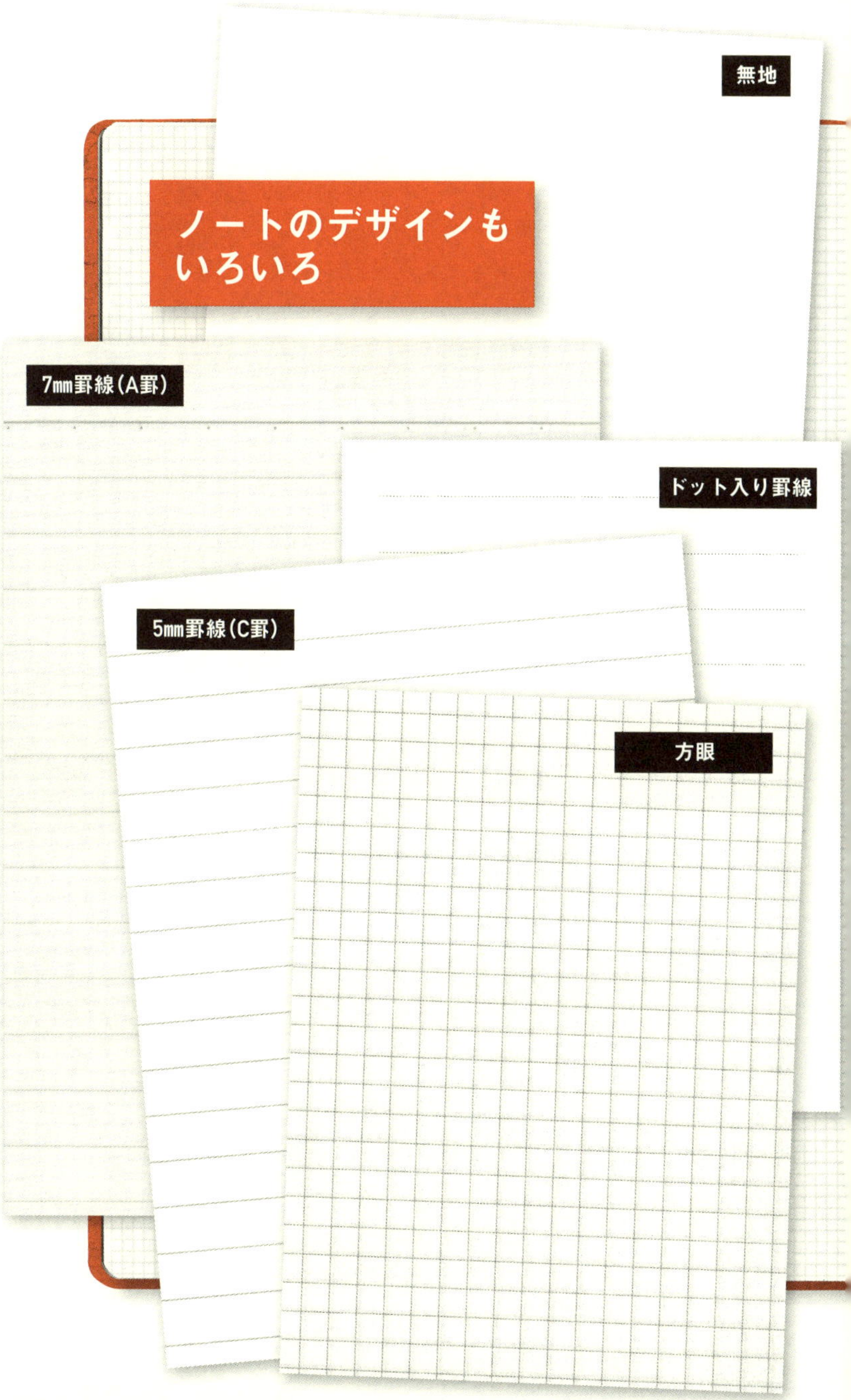
ノートのデザインも
いろいろ
無地
7mm罫線(A罫)
ドット入り罫線
5mm罫線(C罫)
方眼

嫌なことノートの書き方5

20

# 成果を実感するために同じノートを使い続ける

## 同じノートが積み重なると、視覚的にも満足できる

「嫌なこと」を書き込むことが楽しくなってくると、あっという間に1冊のノートが埋まってしまいます。さて次はどんなノートにするか。

1冊目よりも高級なノートでさらにモチベーションを上げる、新しいデザインのノートにして気分を変えるというのもいいのですが、**1冊使い終わったら、次も同じノートを使うことをおすすめします**。書き終えたノートの表紙か厚めのノートであれば背表紙には、書き始めた日付と書き終えた日付を書き込む。使い終わるごとに本棚に並べていく。

順番に並べておくことで、いつでも振り返りたい日付のノートを探し出すことができます。何より、**1冊ずつ増えていくことで、宝の山が大きくなっていくこと、自分の成長を実感できます**。

そういった視覚的な効果もあるので、できれば同じノートを使い続けるほうがいいでしょう。

21

嫌なことノートの書き方6

# ノートは「嫌なこと」スペースと「対策」スペースに分割する

## 見開きの1／4が「嫌なこと」、3／4が「対策」

それでは、「まとめノート」の作り方です。ノートは見開き（2ページ）単位で使います。

まず**1ページをタテに2分割する線を書きましょう。対向ページにも同じように線を引いてください**。

これで見開きが4分割されたことになります。左から1番目が**「嫌なことスペース」**。ここに、その日にあった嫌なことを「メモノート」を見ながら書き込んでいきます。

左から2番目が**「対策スペース①」**。ここには、最初に思いついた「嫌なこと」を解消するための対策を書き込んでいきます。左から3番目が**「対策スペース②」**、4番目が**「対策スペース③」**。対策は必ずしもひとつとは限らないし、スペース①に書き込んだ対策より効果的な対策を思いつくこともあるでしょう。そのために「対策スペース②」と「対策スペース③」を用意しておきましょう。このスペースは、必ずしも埋めなければならないというものではありません。

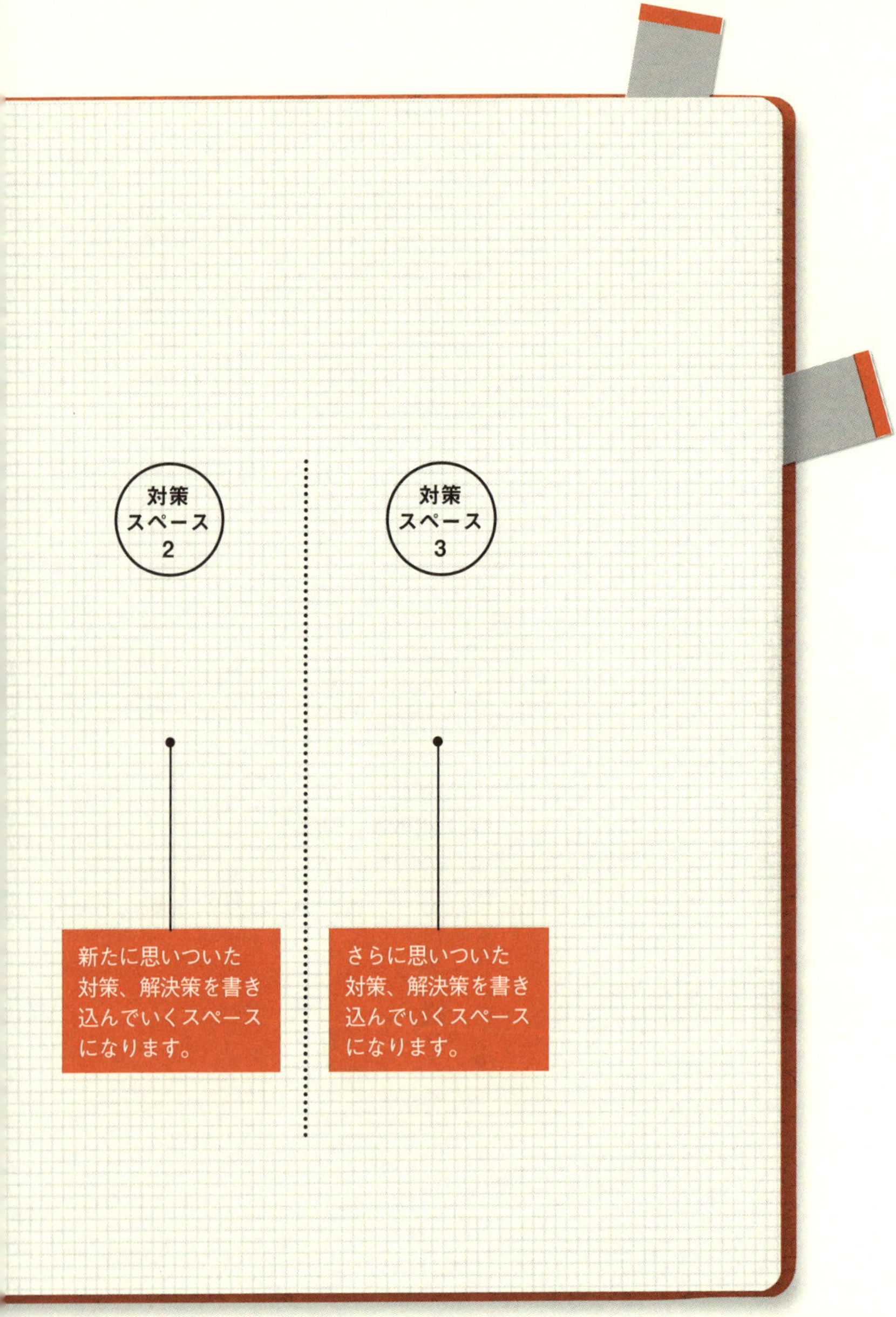
対策
スペース
2
対策
スペース
3
新たに思いついた
対策、解決策を書き
込んでいくスペース
になります。
さらに思いついた
対策、解決策を書き
込んでいくスペース
になります。

# まとめノートの作り方

嫌なことスペース

その日に起きた
嫌なことを
書き込んでいく
スペースになります。

対策スペース1

最初に思いついた
対策、解決策を
書き込んでいく
スペースになります。

対策
スペース
2

新しい対策が浮かんだら書き込む。対策①も②も実践してみることがベスト。

折り畳み傘を
バックに入れておく

デスクを整理整頓
して、仕事の
準備時間を短くする

対策
スペース
3

新しい対策が浮かんだら書き込む。対策はすべて実践してみることがベスト。

TO DOリストを
書いて行動管理する

## まとめノートの書き方

解決したことは赤字で囲む

嫌なことは日時、そして嫌なことが何だったのかわかるように書く。

過去に出てきたことのある「嫌なこと」は何回目かを「正」の字で書く。

| 嫌なことスペース | 対策スペース1 |
| --- | --- |
| 1月20日　10:30<br>取引先の資料が見つからずアポイントに遅刻した | クライアントごとにファイリングしておく |
| 1月20日　12:00（下）<br>部下に任せていた企画書がまだ出来上がっていなかった | |
| 1月20日　15:00<br>外出中に雨に降られて濡れてしまった | 外出前に天気予報をチェックする |
| 1月20日　20:00<br>オフィスで仕事しているのは私ひとりだけになった | 出勤時間を早めて、できるだけ早く帰る |

22

嫌なことノートの書き方7

# 「嫌なこと対策」は思いついたときに書きこむ

# 一番簡単な「対策」は「嫌なことをしない」

「対策」スペースには、あなたが思いつく「嫌なこと」を解決するための方法を書き込んでいってください。

すぐできる対策は第2章や第3章で紹介してきた「嫌なことをしない」ことです。書き込んだ「嫌なこと」は、**「しない」ことを心がけるだけで解決できることがたくさんあります**。「しない」で解決すると思ったら、対策スペースに「しないようにする」「しない」「×」など自分でわかるように書き込みましょう。

複数の対策を思いついた場合は、すべて書き込みましょう。

たとえば、「返信メールがなかなか届かなかった」という「嫌なこと」への対策。

「自分は、受信したら5分以内に返信する」

「届いているか、もう一度確認のメールを送る」

思いついたことは、スペース①、そして②、③とどんどん書き込みます。書いたからといって、その対策がベストとは限りません。**対策もどんどんブラッシュアップ**していきましょう。新しいアイデアが浮かんだら、さらに書き込んでいきましょう。

## 「対策」は焦らず、じっくり探す

「嫌なこと」を書き出しながらパッと思いついた対策を実践するだけでも、人間関係はスムーズになり、仕事もいままで以上にはかどるはずです。

「私の指示に『はい』と答えない部下」↓「自分の上司の指示にまずは『はい』と答える」

「返信メールがなかなか届かない」↓「お客様からのメールにはすぐに返信する」

**簡単なことですが、これだけでクライアントや、上司、同僚、部下からのあなたの印象は良くなります。**

対策は、その日に解消する方法が浮かぶものもあれば、しばらく時間がかかるものもあります。すぐに思いつかないからといって、焦る必要はありません。対策は焦らず、考え付いたときに書き込むようにしましょう。

ここで大切なことをひとつ。**未解決の項目が多いことに落ち込んで、自分を責めたりしないで**ください。未解決の項目が多いのは、それだけ自分には伸びしろがあるわけです。ノートに書き込まれた「嫌なこと」を眺めながら、自分を成長させてくるヒントがたくさんあることを喜んでください。

「嫌なこと」はいつか解決できればいいことで、まずは宝のタネを積み上げることが先です。解決することを前提にするのではなく、最初の頃は、ただ書き留めていくことを意識しましょう。それが「嫌なことノート」のスタートです。対策はすぐに思いつくこともあれば、ある日、突然思いつくこともあります。そもそも解決しなかったからといって、誰に迷惑をかけるわけでもありません。

23

嫌なことノートの書き方8

# 対策は身近なところで発見できる

## 嫌なことを解決している人をマネる

対策は焦らず、じっくり考えてと言われても、未解決の「嫌なこと」が並ぶと気になる人もいるかもしれません。どうしても気になる人のために、対策を探す方法を紹介しましょう。

**ひとつは「嫌なこと」を解決するのがうまい人を探して、観察し、マネる方法**です。たとえば、「部下になかなか自分の意図が伝わらない」という「嫌なこと」があるとします。周囲を見渡してみてください。部下に慕われて、コミュニケーションがうまくいっている人はいませんか。その人を発見したら、その人が部下と話している様子をじっくり観察してください。頼めるものなら、同席させてもらってください。

**「部下の目を見て話している」**
**「用件の概略を最初に説明してから、詳細を話している」**
**「必ず、コーヒーを用意して待っている」**

**「最後に部下の質問をちゃんと聞いている」**

小さなことまで、自分との違いを観察してみると、参考になることがあるはずです。それがあなたの「嫌なこと」対策になります。

## 本や雑誌、ウェブにもマネるネタがたくさんある

雑誌やウェブを眺めていても対策のヒントは転がっています。次の話は、ある週刊誌の編集長の話です。

企画がつきてもういくら考えても出てこなくて困ってしまった編集長は、先月発売された他社の週刊誌、月刊誌を買い集め、その雑誌の目次からタイトル、リード文、登場している人、筆者などを抜き出し、バラバラにしてアトランダムに並べてみることで新しい企画を考えることにしました。そして、その企画を掲載した号が大反響。売上が大幅にアップしたそうです。

**対策は、ゼロから考えなくても、すでに誰かが実践していることの中にも発見できるのです**。いつも見ていること、目に飛び込んでくること、聞いていることに、いくらでもヒントはあります。解決することを意識しておけば、きっとアン

テナに引っかかります。

## 対策を募集する

もうひとつの解決方法は、**同僚や友人、先輩、家族など誰でもいいから意見をもらう**ことです。自分を成長させてくれる「嫌なこと」も他人からもらったヒントですが、せっかくですから対策案までいただいてしまいましょう。

たとえば、嫌なことの解決方法をそれぞれに直接聞く。家族会議の議題にする。友人を集めて飲み会のネタにする。仕事の悩みですから、打ち合わせと称して仲間を集めてブレストするというのもいいかもしれません。きっとたくさんのアイデアが出てくるはずです。

おもしろい解決方法があったら、さっそく試してみてください。商品やビジネスにつながるアイデアなら、企画書を作成してみましょう。

いずれにしても、対策を探すポイントは、探そうとしているかどうか。解決したいと思いながら周囲を観察していると、対策は自然と飛び込んでくるものです。だから、焦らずに、見つけてください。きっと答えが見つかります。

24

嫌なことノートの書き方9

# 過去に同じ嫌なことがあっても、何度でも書く

## 「嫌なこと」が何度も起きたら、それは大きなチャンス

「目の前にいるのに、わざわざメールで意見してきた」
「会議の最後に嫌みを言われた」
「部下の相談を受けていたら、自分の仕事が進まなかった」
「先輩の仕事を押し付けられた」

毎日、「嫌なこと」を書き続けていくと、同じような「嫌なこと」が何度も出てきます。同じだから書いても意味がないと思わないでください。

**「同じ嫌なこと」が起きるということは、逆に考えれば、対策を見つけさえすれば、それだけ大きく成長できたり、ヒット企画になるチャンス**です。

鉄鋼メーカーの人事部で係長をしているAさん。

その部署に新入社員B君が入ってきました。直属の上司はAさんです。B君は些細なことでもAさんに相談してきます。

「昼ご飯はどこへ食べに行くといいですか？」

「ボールペンの購入はどうしたらいいですか？」

「領収証の書き方を教えてください」。


他のメンバーに聞いてもいいようなことまでAさんに聞いてきます。最初は、入ったばかりということで一つひとつ対応してあげていましたが、Aさんの仕事はそれだけではありません。自分自身、取り組む仕事があります。しかし、B君の相談や世話に時間を割かれてなかなか仕事が進みません。

**その頃のAさんの「嫌なことノート」には毎日B君が登場しました。**


「B君の相談に1時間付き合ったため、本社への報告書が間に合わなかった」

「B君に領収書の書き方を教えていたら、取引先との飲み会に遅刻した」

「B君に備品購入の手続きを教えていたら、昼ご飯を食べる時間がなくなった」

「B君に仕事の進め方について指導していたら、自分の仕事がどんどんたまっていってしまった」

要はB君が成長して独り立ちしてくれればいいわけです。そのためにサポート役が必要なのもわかっています。ただ、Aさんがその役割をしていたのでは部署全体の仕事が滞ってしまいます。

そこで、**対策として、Aさんが目をつけたのがB君の隣に座る2年先輩のC君。彼にB君のサポートをお願いしました。**C君は隣に座っているだけあって細かな相談にもすぐに対応してくれました。

AさんはB君の成長を認めながら、C君には感謝の言葉を伝えました。C君はB君を指導することでリーダーシップを発揮し始めて、B君はC君の支援を受けながら仕事に対する自信を深めていきました。気づけば2人はその部署の大きな戦力になっていました。当然、Aさんの部署はB君が入る前よりも成果が上がるようになりました。

## 同じ「嫌なこと」は「正」の字でカウント

このように、何度も「嫌なことノート」に登場してくる「嫌なこと」を解消したり、対策を立てたりすることができれば、それだけで**自分だけではなく周囲も大きく成長するきっかけ**になることがあります。

そのためにも、過去に書いたからと省くことはせずに、何度も書き留めておきましょう。そして、**「嫌なことスペース」のどこかに、登場回数が何回目なのかわかるように「正」の字でカウントしておきましょう**（P137の図を参照）。それだけ頻繁に出てくる嫌なことは、あなたを大きくレベルアップさせてくれるための大切なヒントです。

ちなみに、何度も登場するということは、「嫌なこと」が解決されていないということも忘れないでください。「正」の字が書かれている「嫌なこと」は、ノートを読み返すときも注意するようにしましょう。

## 何度もある嫌なことは ビッグチャンス!

B君に相談されて
時間をとられた

B君に相談されて
時間をとられた

B君に相談されて
時間をとられた

B君に相談されて
時間をとられた

対策
**C君にサポートさせる**

| 上司Aさん | 部下B君 | 部下C君 |
| --- | --- | --- |

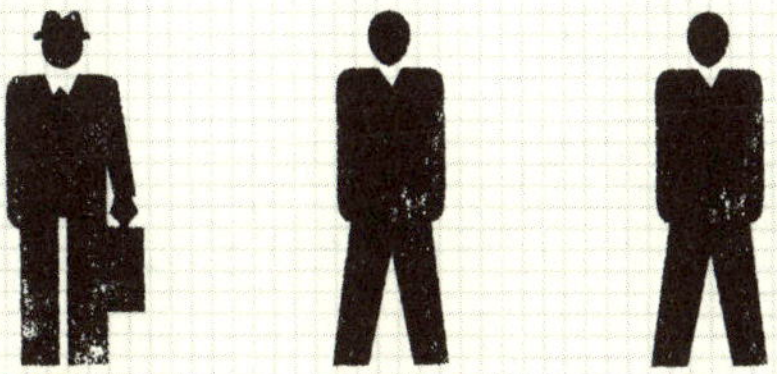

| 仕事が ラクになる | 独り立ち する | リーダーシップを 身につける |
| --- | --- | --- |

25

嫌なことノートの書き方10

# 対策を実践してうまくいったら赤で丸く囲む

## 「嫌なこと」をどんどん「いいこと」に変えていく

「嫌なことノート」で大切なことは、ひとつでも多く「嫌なこと」を「いいこと」に変えることです。つまり、「嫌なこと」を少しずつ解消していくことです。もっとも簡単な対策である、「嫌なことをしない」で対応できるものは、すぐに対策スペースに書き込んで実践してみてください。

**嫌なこと「上司が私の話を最後まで聞いてくれなかった」**
**対策「部下の話は、時間が許す限り最後まで聞く」**

たとえば翌日のミーティング中に、人の意見を遮らずに最後まで聞くことを心がけてみるとします。そうすると、「自分の意見を最後まで聞いてくれた」と相手が喜んでくれるかもしれません。他の人からも積極的に意見が出てくるかもしれません。

自分の意見を言えない雰囲気だったミーティングが、がらりと変わる。

**もし気持ちのいいミーティングができたとしたら、「嫌なことノート」の対策スペースに書いた「最後まで聞く」を赤ペンで丸く囲みましょう。**

上司のことを変えられたわけではありませんし、もともと感じた「嫌なこと」が解決したわけではありませんが、上司からされた「嫌なこと」を活用して、自分の仕事力が上がったわけですから、赤丸をつけて問題ありません。そして、あなた自身がどんどん成長していくと、次第に上司からされた「嫌なこと」も気にならなくなってくるはずです。

赤丸が増えることは、あなたの仕事力がアップしている証です。**「今週は10コ赤丸をつけよう」**など、**赤丸の数を目標にして、**楽しみながらノートをつけていってください。

## 解決できたら目印を!

嫌なことスペース

対策スペース

2011.3.20

AM9:00
上司に遅刻したことを怒られる

PM1:00
資料を探せない

寝不足の日はアラームを3コ用意する

机を整理する

解決できたときは赤字で囲む。

嫌なことノートの書き方11

26

# 「嫌なことノート」はできるだけ毎日読み返す

## 毎日読み返すことで、解決アンテナが敏感になる

嫌なことは書くだけでも効果がありますが、やはり**解消するとさらに効果が倍増します**。そのために心掛けてほしいことが「嫌なことノート」を毎日読み返すことです。

対策はいつ思いつくかわからないと話しましたが、そのためには「あれ解決しなきゃ」といつも**解決アンテナを張っておくことが大切になります**。

「嫌なことノート」を継続して書けるようになると、未解決の「嫌なこと」はどんどん増えていきます。毎日読み返して、少しでも多くの「解決しなきゃ」がインプットされていると、それこそ突然、対策を思いつくことがあります。

たとえば、ある日の「嫌なこと」に、「外出中に傘を持たなかったために雨に濡れてしまった」ということがあったとします。ノートを毎日読み返すことがないと簡単に忘れてしまいそうな「嫌なこと」ですよね。ましてや、その日から晴れの日が1週間でも続いたら、すっかり忘れてしまいそうです。

ところが、**読み返してインプットされていると、雑貨屋さんの前を通ったときに、コンパクトで軽そうな折りたたみ傘が安売りされていたり、オシャレな柄の傘が並んでいたりすると、すぐに反応します**。

「あっ、この傘をバッグに入れておけば雨に濡れることはないや」

これで解決です。

## 嫌なことは1日を振り返るキーワードにもなる

「鬼平犯科帳」「剣客商売」「仕掛人・藤枝梅安」などの時代小説で、今なお多くのファンを持つ作家の故・池波正太郎氏。彼は日記をつけるときに、いつも3度の食事内容を明記していました。食事を思い出せばその1日を思い出せるからだそうです。

「嫌なこと」も、**1日を振り返るキーワード**になります。たとえば昨日のノートを見ると、午前中に「プロジェクトの進行が遅れていると、なぜか私だけが怒られた」、午後に「喫煙ルームから煙がもれてきて気分が悪くなった」という嫌なことが書かれていたとします。「そういえば昨日は何をしていたっけ」と考えてみると、その前後の自分の仕事を思い出すことができ、「ミーティング中にホワイトボードが見えづらかった」という新たな「嫌なこと」を発見することができるかもしれません。もしかすると、先ほどの傘のように、新しい対策を思いつくかもしれません。

「嫌なことノート」は書くだけでなく、**読み返す習慣も身につけてください**。書く、読むが習慣になると、「嫌なことノート」の効果は倍増します。

27

嫌なことノートの書き方12

# 「まとめノート」は2冊持ち歩く

## 携帯するのは使い終えた1冊と使用中の1冊

「メモノート」はいつも携帯しておくノートですが、「まとめノート」もぜひ持ち歩くことをおすすめします。しかも**使い終えたばかりの直近の1冊と、使用中の1冊、合計2冊を持ち歩くのがベスト**です。

バッグの中に入れておけば、通勤途中や移動中、休憩時間にいつでも読み返すことができます。何度も読めば、それだけ「嫌なこと」に対する意識が高まり、小さな「嫌なこと」にも気づける人間になれます。そして「嫌なこと解決」のためのアンテナを張っておくこともできるようになります。

**バッグの中に入れておくためにも、「まとめノート」はB6サイズなど小さいサイズがいいでしょう。**

## いつもノートを3冊持ち歩いている東国原元知事

複数のノートをいつも持ち歩いているのが、1月20日で宮崎県知事を退任した東国原英夫氏です。東国原氏は40歳を過ぎてから本格的な勉強を始め、政治家になるという目標を達成しました。氏の勉強を支えたのがノートです。「嫌なことノート」だったわけではありませんが、つねにノートに勉強していることを書き込み、何度も読み返していました。また、知事になってからも、あらゆることを1冊のノートに書き込み、いつもそのノートを持ち歩いていました。

**持ち歩いていたのは3冊のノート。書き終えた直近の2冊と、使用中の1冊**です。そして時間があれば、その3冊を読み返していたそうです。何度も読み返すことで、そこに書かれたことが頭に叩き込まれていったと言います。40歳を過ぎてからいろんなことを覚えるためには、それくらいしないと追いつかないとさえ言っています。やはり、毎日読み返すことは大切なのですね。

東国原氏は、**「何度も同じキーワードをメモするというのは、すごく非効率な**

**ことだと思います。でも、非効率なメモほど覚えるんです」**と語っています。

同じ「嫌なこと」を何度も書くのは、非効率なようですが、それだけ解決しないといけないと思う「嫌なこと」になるということでもあります。繰り返して読んでいれば、いつかどこかできっとベストな対策を思いつくことになるでしょう。時間をかけて解決したことほど、自分を大きく成長させるきっかけになるはずです。

第5章

# 「嫌なことノート」を続けるコツ

28

# 嫌なこと探しをゲーム感覚で楽しむ！

## 「嫌なこと」は朝起きた瞬間からはじまる

「嫌なこと」探しは、構えて考えるとなんとなくネガティブなことをしているような気もしますが、**ゲーム感覚でやってみると、探すことがどんどん楽しくなってきます**。

たとえば、冬の朝、目覚めてベッドから床に足を下ろす。

「冷たい」

それだけで嫌な気分になります。ある人は布団から少し出るだけでも嫌だなあと感じることもあるでしょう。さらに、鏡に映った寝癖のついた髪の自分を見て嫌だなあと思う人もいるかもしれません。

**これだけでも3つの「嫌なこと」を発見**しました。

これって、アイデアのヒントになると思いませんか？

**寝るとき用のソックス、ヒーター付きスリッパ、目覚まし時計連動の暖房、寝癖がつかないシャンプー、寝癖がつかない枕、眠り方など**。どんどんアイデアが浮かんできます。「嫌なことを記録する」と思っていなければ、朝から起きている嫌なことなどすぐ忘れてしまいそうな出来事です。

こういう情報をキャッチしないともったいない。特に、朝は忙しい時間です。何かとバタバタするもの。忙しい時は、嫌だなあと思うことがあっても流してしまうことがたくさんあるはずです。ぜひ、目覚めた瞬間から「嫌なこと」を意識してみてください。想像以上に、いろいろなアイデアのヒントが転がっています。

## 対策は十人十色

仕事中には「嫌なこと」がたくさん起きます。自宅を出てから会社までの通勤途中、会社到着後に始める1日の準備、社内会議、取引先との商談、打ち合わせ、企画書作成、さらに移動中にも「嫌なこと」はあります。

**「大音量で音楽を聴く人の隣に立ってしまった満員電車」**

→対策「早い時間帯の電車で通勤する」

「自分もイヤホンをつける。どうせならそこで英語の勉強をする」

**「出社して、その日に必要な書類をなかなか探し出せない後輩」**

↓対策「翌日の準備は前日の帰る前に」

「週に1回、机の整理整頓する日を作る」

**「いつも打ち合わせの時間ギリギリになってしまう自分」**

↓対策「時計を10分進めておく」

「スケジュールの立て方にゆとりをもたせる」

「手帳に常に約束の時間よりも10分早い時間を書き込む」

仕事をしていると、いくらでも「嫌なこと」にめぐり合います。ただ、全部をいきなり解決できなくても大丈夫。そのひとつでも解消すれば、あなたにはスキルがひとつ身についたことになります。それだけで自信にもなるし、仕事に余裕が出てくると思いませんか。

# 29 テレビ、雑誌、本などのメディアや街で発見する

## 「嫌なこと」はフィクションの世界にも

自分のまわりで起きている以上に、世の中ではたくさんの「嫌なこと」が起きています。メディアや街中に目を向けてみると、短期間でたくさんの「嫌なこと」を発見できます（P44参照）。

たとえば**テレビ**。

**報道番組を見ると、1日にあった世界中の出来事が流れています**。ニュースを見ながら「嫌だなあ」と感じることはあるはずです。感じたら、すぐに「メモノート」に書き留めましょう。

「立場が逆転したら、急に強気に発言している元政権政党の政治家」
「涙を流すことで自分を正当化しようとする偽装の責任者」
「さっき情報を知ったばかりがバレバレなのに、さも詳しいように話す文化人」

**テレビに登場する人物を眺めているだけでも「嫌なこと」は発見できます**。ただ、ボーっとテレビを見ているのはもったいない。メモを片手にテレビを見る習慣をぜひつけてください。

**本を読んでいても「嫌なこと」はあります**。

小説ならラブロマンス、サスペンス、純文学など、どんなジャンルを読んでも、「嫌だなあ」と思ってしまう言葉やシーンがあるはずです。ノンフィクション、エッセイなどは日常のことが書かれているので、よりリアルに発見できると思います。

## 人が集まれば、「嫌なこと」もたくさんある

散歩しているとき、買い物をしているとき、ランニングをしているとき……、プライベートの時間にも、「嫌なこと」は発見できます。

**とくに人が集まる場所は、たくさん発見できるはず**。

たとえばレストランやアミューズメントスポットなどは、ほんとうにたくさんの不快なことを発見できる場所です。

**「いつになったら注文を取りにきてくれるのかなあ」**

↓対策「案内した人が注文をとるルールにする」

「注文が入っている、入っていないかがわかるシステムをつくる」

**「この長い行列、なんとかならないかなあ」**

↓対策「整理券を配布して、時間が来たら電話、メールで通知する」

「東京ディズニーランドのファストパスのような仕組みを導入する」

**「このイス、座り心地が悪いなあ」**

↓対策「座り心地のいいクッションを置いて、それも店で売ってしまう」

「オフィスのイスの座り心地についても考えてみる」

**「BGMの音量が大きすぎないかなあ」**

↓対策「お客の混雑具合でBGMの音量を変える」

「心地よく感じる音楽はどんなものなのか考えてみる」

**「おすすめだからって私の好みも聞かないのは困るなあ」**

↓対策「注文の時は、自分の好みを先に言う」

「接客スタッフ用にお客様の好みをまず最初に聞くというマニュアルを作る」

**「同じくらいの年齢だからって、客にタメ口はないなあ」**

↓対策「相手がいくつに見えようと、お客様にタメ口で話さない」

「接客などについてのアンケートハガキをテーブルに置いておく」

**「美味しいといっても、食器が汚れているのは嫌だなあ」**

↓対策「きちんと洗浄されているかどうか食器をチェックする担当を作る」

「手洗いはやめて、すべて洗浄機で洗う」

スタッフの接客態度はもちろんですが、テーブル、椅子、食器、室内の内装や流れる音楽、さまざまなところで「嫌なこと」と遭遇する可能性があります。こういう、とても残念な場面に合ってしまったら、むしろ「嫌なこと探し」を楽しむ感覚で、どんどん対策案を考えてみてください。直接は自分の仕事や人生に関係がないことかもしれませんが、対策を考える練習になりますし、もしかすると、そこから自分に直接関係する対策やアイデアが生まれるかもしれません。

ですから、こういう場所で「嫌なこと」に遭遇してもやはり、「ありがとう」という気持ちが大切です。直接的、間接的に、自分を成長させてくれるヒントになるわけです。

ポイントは、広い視野で観察すること。いろいろな「嫌なこと」があちこちで起きているはずです。

30

# 嫌なことをすべて解決しようと思わないこと

## 無理をして、全部実践しようとしない

「嫌なことノート」を継続するための大切なポイントのひとつは、**すべての「嫌なこと」を解決しようと思わないこと**です。いくら考えても浮かばない対策もあれば、対策が浮かんだとしても、実践するのが難しいものもあります。すべてを解決できればベストですが、なかなか簡単にはいかないもの。できないことがストレスになったり、挫折の原因になってしまっては本末転倒です。

**そもそも解決できない「嫌なこと」はどうしても存在します**。

たとえば「自分なりに結果を出したつもりだったが給料に反映されなかった」とします。原因が会社の業績不振だとすると、いくら個人で結果を残したとしても、給料は上がらないでしょう。その会社に在籍するかぎり、自分で解決することはできません。

だから、**すべて解決できるとは思わないでください**。無理せず、自分にとってハードルが低い対策や、これは自分ができそうな対策というものから実践してみることです。大切なことは継続すること。それを忘れないでください。

31

# 「嫌なことノート」を振り返れば自分の成長がわかる

## ノートが増える＝自分は成長している！

毎日、書き込んでいく「嫌なことノート」はあなたの成長の記録です。「嫌なことノート」を継続していくポイントは、**その効果を確認する**ことです。自分の成長を確認することです。

そのために必要なのが、**「嫌なことノート」を振り返る**こと。第4章で、「できるだけ毎日読み返すこと」をおすすめしましたが、振り返りは、ただ読み返すだけでなく、成長したこと、効果などを時間をかけてゆっくりと考えていくことも大切です。

**●1週間に1回振り返る。**

振り返るときは今週1週間に起きた「嫌なこと」と「解決できたこと」、そしてその前の1週間に起きた「嫌なこと」と「解決できたこと」を振り返ります。解決できたことを喜びながら、未解決の「嫌なこと」もインプットしておきましょう。次の1週間で対策が思い浮かぶかもしれません。

**●1カ月に1回振り返る。**

1カ月単位で振り返るときは、この1カ月間で解決できたことを中心に振り返ります。**いくつ解決できたかカウントする**のもいいでしょう。仮に10個解決できていたとしたら、10個のスキルを身につけたということです。振り返りの最後には、対策スペースが埋まっていない「嫌なこと」を再度確認しておきましょう。とくに「正」の字が増えていっている項目は、再度インプットしておきましょう。

**●1年に1回振り返る。**

1年間を振り返るときは、いつもの振り返りより時間をとって、じっくり「嫌なことノート」を読み返してください。1年間の日記帳を読み返すようなものです。ここでも、解決できたことをカウントするのはおすすめです。何度も出てきて「未解決の嫌なこと」は、来年の目標として設定してください。

定期的に振り返るのは、**成長を実感することと、継続できていることに自信を持つため**です。**なにごとも小さな成功体験から始まります。**

1日ひとつ嫌なことを書くだけでも成長しているのですが、なかなか自分では気づきません。しかし、ある一定期間のボリュームで振り返ると、「嫌なことノート」を書き始めたころから比べて、自分が成長してきたことが実感できるはずです。

1年間書き続けると、おそらく2冊以上にはなると思います。人によっては5冊、6冊書く人もいるでしょう。それを重ねて見るだけで、「よく続いたなあ」とうれしくなるものです。その時は、継続できた自分をほめてあげてください。

## 想像以上の力は継続から生まれる

**「嫌なこと」を書き続けていくと、「嫌なこと」が変化していくことにも気づく**ことになります。

たとえば、「机の上がぐちゃぐちゃでどこに何があるのかわからない」という「嫌なこと」。対策は「机の上に分類して積み上げる」とします。実践してみて仕事をしてみると、少しは快適になりますが、また問題とぶつかります。

「取引先のA社の資料探しに手間取ってしまった」。きれいになったはずの机の上でしたが、資料の分類方法に不備があったのでしょう。次の対策は「取引先ごとに資料をファイルにまとめる」ということになります。ところが、またしても問題が起きます。

**嫌なことも、対策も進化する。これが「嫌なことノート」の最大の効果**です。継続すればするほど、スキルアップでき、仕事の質も高くなっていきます。

## 一流選手は継続から生まれている

継続するって大変なことですが、自分の力を上げるためには必要なこと。たとえば、**スポーツの世界で一流といわれる人たちは、みんな継続することで頂点に立った人たちばかり**です。

バスケットボールNBAで最大のスーパースターだったマイケル・ジョーダン選手。2度の3連覇を実現したシカゴ・ブルズの中心選手でバスケットボールの神様とも呼ばれています。彼はとにかく練習の鬼でした。得点するために、その何倍ものシュート練習を積み重ねたと言われています。それが大舞台になればなるほど発揮され、最後の1秒で逆転のシュートを成功させるなど驚異的な勝負強さになっていきました。

日本を、いや世界を代表するバッター・イチロー選手も継続から生まれた選手と言えます。よく知られている話ですが、彼は小学校時代に、毎日、お父さんとバッティングセンターに通いました。そして、いまでもすごい練習量だそうです。継続することの大切さをよく知るスーパースターではないでしょうか。

継続は大いなる力。「嫌なことノート」も継続してはじめてあなたの宝になります。

**凡を極めて、非凡に至る**。これこそ、あなたが成長する秘けつです。

第6章

# 「嫌なこと」には こう対応する

# シチュエーション別嫌なこと例と対策例

ここから紹介するのは、シチュエーション別にまとめた「嫌なこと」と、その「対策例」です。ここから紹介する例を参考に、あなたの「嫌なこと」を探して、仕事に活用してください。

## シチュエーション1　上司とのやりとり編

### 「昨日、1週間後に資料を提出と言っていたのに、今日になって3日後とは……。言うことがコロコロ変わる」

**対策**

○上司から指示を受ける際は、最後にもう一度、今回受けた仕事の内容の確認を上司にする。

○上司も部下もいつでも確認できる進行管理ツールを作る。
○上司はどうしていつもコロコロ言うことが変わるのかを知るために、上司とのコミュニケーションを密にして、性格や関心事を知るように努める。
○自分は言うことをコロコロ変えていないか、再確認する。また気づかないうちにそうなっていることもあるので、そうなっていないか、同僚や部下に聞いてみる。
○自分の仕事力を鍛えるいい機会と考え、3日で資料を作成する。

**「上司と1対1の打ち合わせ中。こちらの話をちゃんと聞かずに、渡した資料ばかりを一人で読み込んでいた」**

**対策**
○「先に資料に目を通してください」と言って、資料を読み終えるのを待ってから話を始める。
○最初から資料を渡さないで、ある程度話が進んでから資料を渡す。
○資料を使わない打合せにする。

○誰でもついやってしまうことと考え、自分はそうしないように気をつける。

「仕事に対する指示が曖昧で、すごく抽象的」

対策

○「私の意見なのですが、その件はこういうことでしょうか」「そのテーマについて考えたのですが、このような対策をとれば良い結果が出ると思います」「許可をいただければ、さっそく始めたいと思うのですが、いかがでしょうか？　できましたら、この案についてアドバイスいただけないでしょうか」など、上司の指示内容を明確にする質問をし、どんどん先導していく。

○上司の立場に立って、何が言いたいのか、どうしてほしいのか、想像してみる。自分がもし上司だったらと思うことで、自分が上司のポジションになったときの力になると思い、考える。

○自分は仕事で曖昧な指示の出し方をしていないか、再確認する。

「好き嫌いで態度を変えられた。自分は好かれてないので、厳しい態度を取られた」

**対策**

○なぜ自分のことが嫌いなのか考えてみる。自分の本当の気持ちは置いておいて、上司が好むような態度をあえて取ってみる。

○好かれている部下の行動を観察してみる。その中で、自分でも取り入れられるものがないか、考えてみる。

○自分は好き嫌いで人に接していないか、再確認する。

○上司も一人の人間。上司に期待せず、あきらめる。

**「機嫌が悪かったみたいで、ちょっとしたことであたられた。気分屋の上司に振り回されっぱなし」**

**対策**

○その日の上司の気分を早く察知できるよう、上司を観察する。

○その日の上司の気分を早く察知できるよう、同僚に上司の様子を聞いてみる。

○上司の気分のクセやバイオリズムを観察し、どういう時が上司の機嫌が悪いか自分なりの法則を作る。
○上司の気分の悪い日は、できるだけ上司に接しないようにする。
○自分は気分の良し悪しで行動したりしていないか、再確認する。

## 「上司から自分ばかり仕事をふられる」

**対策**

○なぜ自分にばかり仕事をふるのか考えてみる。上司の自分への思い、考えを想像する。
○「いまやっている仕事より優先させて行う必要がありますか?」「いま手が回りませんので、○月○日までにならら仕上がるかもしれないです」などと上司に質問し、やんわりと断る。
○自分が仕事をふるときは、どうやってふるか、考える。
○部下として鍛えられていると前向きにとらえ、ふられたことをどんどんこなしていく。

## 「あいさつもせずに入ってきて、いきなり仕事を始める」

**対策**

○自分から大きな声であいさつする。
○朝は、誰かが入ってくるごとにあいさつするルールを作る。
○自分はちゃんと誰に対してもあいさつしているか、再確認する。

## 「どんな時でもすぐに、『ゆとり世代』とレッテルを貼られる」

**対策**

○上司がどの部分を『ゆとり世代』と見ているのか、聞いてみる。聞いてその部分を変えるようにする。
○自分のほうから上司に歩み寄って、いい関係を作るためのアプローチをしてみる。
○仕事のできる先輩など、見本になる人を探して、徹底してその人の仕事のやり方をマネて、もっと仕事ができる人になる。
○自分は、人にレッテルを貼らないように気をつける。

## 「上司だからといって、堂々と会議に遅刻してくる」

**対策**

○会議に参加するメンバー全員に10分前に声をかける。
○上司と一緒に会議の場所へ行く。
○遅刻に関係なく会議をどんどん進行していくというルールを作る。
○自分は会議に遅刻しないようにする。

## 「手柄を全部上司がもっていく」

**対策**

○手柄などはいくらでも上司にくれてやる、という大きな気持ちになる。その分、自分には力がついていると認識する。
○上司が出世すれば、自分も引っ張られて出世できるはずと考える。
○一流の人はそんな小さなことではくよくよしない、器の大きな人になるための練習と割り切る。

○自分が上司の立場の時は、それぞれの役割に応じた手柄を与えるようにする。

### 「上司にちゃんと報告したのに、聞いてないと言われた」

**対策**

○紙ベースで報告内容を残し、日付と上司のサインをもらうようにする。

○そんな人は反面教師だと自分に言い聞かせる。自分は同じことをしないように気をつける。

### 「会社の宴会で、上司からやりたくないのに一発芸を強要された」

**対策**

○こういうときのうまい流し方を日ごろ考えておく。

○「上司も一緒にやりましょう」など、声をかけてきた上司も巻き込み、今後はそういう声をかけにくくする。

○ひとつだけ、自分でできる芸を用意しておく。

○芸を強要されそうな頃合いを見計らって、トイレに避難する。

「自分が招集した会議で上司が爆睡していた」

**対策**

○爆睡している上司に質問を投げかける。

○上司が寝ている隙に、どんどん議事を進めてしまう。

○睡眠障害などの可能性もあるので、そのことを上司の上司などから本人に話してもらうようにお願いする。

## シチュエーション2　部下とのやりとり編

「新しい仕事をと頼んだら、忙しいときっぱり断られた」

**対策**

○日頃から助けてもらっていることに感謝していることを部下に伝えておく。

○何が忙しいのか聞く。ただ、忙しいだけでなく、他になにか不満があるのではないか考え、部下に確認する。

○今、何の仕事をしているのかお互いにわかる管理シートを作る。
○自分は相手が不快に思うような断り方をしていないか、再確認する。

**「明らかに間違っているのに認めなかった。反抗的な態度が多い」**

**対策**

○時間をあけてから、再度丁寧に説明して間違っていることを気づかせる。
○間違っていることを認めやすいように部下を責めない話し方を心掛ける。
○間違いが大きなミスにつながるところを説明する。正しい方法を提示しながら、その違いを説明する。

**「仕事でトラブルが発生していたのに、自分に報告してこなかった」**

**対策**

○毎日1回、部下から報告を上げるようにルール化する。
○自分から細めに部下に声をかけて、何かトラブルや問題が起きてないかを探る。
○部下が報告しやすいような、報告書のフォーマットを作る。

○自分は、迷った時やミス・失敗した時こそ早めに上司に報告するようにする。

## 「仕事に対してモチベーションが低く、言われた仕事しかしない」

**対策**

○部下に仕事をふるときに、仕事の目的、背景、意義などバックグラウンドをわかりやすく伝える。
○自分の仕事のやり方と部下のやり方を比べないで、部下のいいところ、能力のあるところを探してあげる。
○過度な期待はせず、最低限やればいいとあきらめ、そういう接し方をする。
○なぜモチベーションが低いのか、言われたことしかしないのか、部下の立場で考えてみる。

## 「いつも仕事への愚痴や弱音ばかり言っている」

**対策**

○部下がどこに不満や不安を感じているか聞く。仕事の量？　新しい仕事へ不安？　人間関係？　自分への不満？　など、具体的にどこに原因があるか確認する。

○その際に、部下が思っていることに共感し、部下の存在価値を認める。部下の目線になってあげる。

○自分自身の弱音や愚痴も部下に語り、お互いに弱さを共有して信頼関係を作る。

## シチュエーション3　出社編

### 「満員電車で新聞を広げて読んでいる人がいた」

**対策**

○自分が電車の中で新聞を読むときは4つ折りにして読む。

○不快に感じるのではなく、その新聞を横から自分も読み情報収集に活用する。

○電車内では自分はケータイやスマーフォンなどで情報を収集する。

○新聞を読む人だけの専用車両を作るなど、解消するアイデアを考える。

○我慢せず、車両を移る。

「マスクもせずに、目の前で咳こまれた」

対策

○電車に乗っているときはほかの人と顔が向かい合わないように立つ。

○風邪をひいているとき、咳が出るときは自分はマスクをする。

○予備のマスクを用意しておいて、貸してあげる。

○鉄道会社がサービスでマスクを提供する、試供品を駅で配布するなど、解消するアイデアを考える。

## シチュエーション4　会議・ミーティング編

「相手の話を最後まで聞かず、自分の意見を途中で言ってしまった」

対策

○それぞれの持ち時間を決めるなど、ミーティングのルールを決めておく。

○自分が何か言いたくなっても、相手の話は最後まで聞くように努める。

○相手の話が長い場合は、質問などをして、話を切るようにする。

### 「会議の資料を忘れて、参加してしまった」

**対策**

○毎朝、その日の行動をイメージして、やらないといけないことを確認する。
○他にも忘れる人がいるかもしれないと思い、会議の資料は当日現場で配布するようにする。
○今後は、忘れた人のために予備の資料を用意しておく。
○資料を電子データ化しておき、その場で見られるようにする。

### 「無駄話が多く、会議が長引いてしまった」

**対策**

○会議の終わる時間、会議の議題をあらかじめ決めて、会議スタート時に確認する。
○自分からは無駄話をしないように気をつける。

○議題が横道にそれたら休憩時間にする。

**「プレゼンの準備不足で、クライアントからいろいろと突っ込まれてしまった」**

**対策**

○プレゼンの準備にどのくらいの時間がかかるか、準備する前に考え、その倍の時間を準備時間にあてる。

○自分ひとりでできることか、できないことかを考え、できそうもないときは、早めにヘルプを求める。

○月間予定のチェックなど、早め早めに行動できるようになるためのタイムマネジメントを習慣化する。

**「声が小さくて、発言がよく聞こえない人がいた」**

**対策**

○書記担当を決めて、議事録作りをする。

○相手の言っていることを間違って聞いていないか確認しながら話を進める。

○録音機器を使って、打ち合わせ内容を保存しておく。
○小型マイクを使って話をする。

**対策**「会社によって、クライアントの態度が変わる」

○クライアントはどういうことを望んでいるかを考え、会社ではなく個人として関係を作るように努める。
○自分は、誰が相手でも態度を変えて話をしないように気をつける。
○クライアントから評価されている会社の担当者の行動をよく観察する。
○クライアントのキーマンにいつもお土産を持っていくようにする。

**対策**「話を聞いているのかわからないミーティング参加者がいる」

○話を聞いていないような人には、相手の目を見て話す。
○話を聞いていないようなら、あえて質問を投げかける。

○話の要所要所で、わからないことがありませんか?と確認する。
○自分はちゃんと聞いていることがわかるように、相槌をうったり、質問したりする。

## シチュエーション5　デスクワーク編

### 「ヤル気がまったく起きない」

**対策**

○あとからヤル気はついてくると思って、ヤル気に関係なく、とにかく仕事を始めてみる。
○ほんの小さな目標を目の前に設定して、まずはそれをクリアする。
○ひとまずは仕事から離れ、軽く体を動かしたり、お茶を飲んだりする。
○「ヤル気が出てくるパターン」を自分なりに作る。たとえば、まずはメールを書くとか、報告書を作るとか、簡単な仕事から始めるとか。

## 「忙しくなるとすぐに机の上が汚くなる」

**対策**

○ファイルボックスにその日の仕事で使った資料を入れる。
○書類や資料によって所定の場所を決める。
○毎週1回、デスクを整理する日を決める。
○帰る前に、不要なものを毎日チェックして捨てるようにする。
○資料をできるだけ電子データにして、紙資料を少なくする。

## 「お菓子などを食べた手でそのままキーボードを叩いてしまうことがよくある」

**対策**

○デスクにはウエットティッシュなどの備品を置いておく。
○デスクでは間食しないと自分でルール化する。
○お菓子を素手でつかまない。手でつかまないためのツールを買う。

「パソコンで、保存する前に、書いていたものを全部消してしまった」

**対策**

○細めに保存する習慣をつける。

○焦って仕事をしないようにする。

○消してしまったものよりも、さらによいものを書こうと奮起する。

## シチュエーション6　昼食編

「ランチの混雑で行列にいつも並ばないといけない」

**対策**

○すいていて美味しい店をリサーチする。

○ランチ時間をずらす。

○並んでいる間に本を読んだりするなど、待ち時間にすることを用意しておく。

「レストランで、料理が出てくるのが遅い」

対策

○最初に、何分で料理が出てくるか、店員に確認する。

○料理が出てくるのが遅いランチレストランマップなどを製作。会社で情報を収集する。

○なぜそのレストランは料理が出てくるのが遅いのか、観察し課題点などを見つけ、解消するアイデアを考える。

○5分で出てこなかったら店員に声をかけるなど、自分でルールを作る。

## シチュエーション7　オフィス編

「オフィスのレイアウトが悪く、モノも多くごちゃごちゃで使い勝手が悪い」

対策

○レイアウトを変更して、「仕事に集中するスペース」「くつろぐスペース」「コミュニケーション用スペース」など、場所ごとに役割を設定したレイアウトにする。その際、共有デスクをつくって、ムダなデスクをオフィスからなくす。
○普段使わない荷物は、倉庫を借りて全部そこに送る。そこで、1年間使わなかった資料は捨てる。
○賃料が変わらずに、今より広いオフィスを探す。
○月に1回、オフィス掃除の日を設定する。

**「書庫を大きな音を立てて閉める人が多く、気になる」**

**対策**
○書庫の開閉口にゴムなど音を吸収する素材やパーツをつける。
○資料をすべて電子データにして書庫自体をなくす。
○うるさい音が気にならないように、耳せんをしたり、イヤホンで音楽などを聞きながら仕事をする。
○自分が書庫を閉めるときは、静かに閉めるように心掛ける。

### 「資料がいつもの場所にない」

**対策**

○資料の定位置を決めて、使ったら元の場所に戻すように社内で習慣づけをする。破った人にペナルティを設定する。
○資料はすべて電子データ化し、共有できるようにする。
○持ち出しノートなどを作って、どこに資料があるのか常にわかるようにする。
○出勤時と退社時に資料をチェックするスタッフを決める。

### 「ついつい電話で、相手の顔が見えないので横柄な態度をとってしまった」

**対策**

○目の前に鏡を置いて、自分の顔を見ながら電話をする。
○姿勢を正して電話する習慣を身につける。そのためにデスクに「姿勢を正す」などのメモを貼っておく。

**「空調環境がすごく悪い。寒い場所と暑い場所がある」**

**対策**

○空調環境によって、暑がりの人、寒がりの人に合った席を決める。

○空調がオフィス全体にまんべんなくいくように、扇風機などを使ってオフィスの空気を循環させる。

○直接空調が当たる場所には机を設定しないようにする。

○体が冷え過ぎたりしないように、暖かい飲み物を飲む習慣を身につける。

○定期的に席替えをする。

## シチュエーション8 休憩編

**「仕事中もしょっちゅう喫煙室にタバコを吸いに行く人がいる」**

**対策**

○喫煙室の1日の利用回数を社内ルールで決める。

○喫煙室の様子をできるだけ見ないようにする。

○上司に注意してもらう。
○なんで何回も喫煙室に行くのか、その原因を考え、そういう人に向けた禁煙プログラムなどのアイデアを考える。

**「トイレの洗面台がいつも水でビショビショ。髪の毛や化粧品の粉なども落ちたままになっている」**

**対策**
○汚れていることに気づいた人がすぐに掃除するようにルール化する。
○汚れを見つけたらまずは自分で掃除する。
○トイレ内に貼り紙をする。
○定期的に社内の人間でトイレ掃除をするようにする。

## シチュエーション9　仕事が終わった後編

### 「今日しないといけなかった取引先への電話を忘れてしまった」

**対策**

○思い出した時に外からでもいいので、とりあえず電話を入れてみる。

○絶対に忘れてはいけないことは、携帯のアラームなどを使って忘れないような仕掛けを作る。

○同僚や部下に、「今日電話をしないといけないので、忘れてそうなら教えてほしい」とお願いしておく。

○TODOリストを1日に何回もチェックする習慣をつける。

### 「飲み残しの缶をそのままにして帰ってしまった」

**対策**

○帰る前にデスクをきれいに片づけてから帰る習慣をつける。

○間違ってこぼさないように、デスクに缶入れツールを設置する。

○飲み残しがすぐにわかるように、コップなどに移して飲む。

**「上司からプライベートの飲み会に無理に誘われる」**

**対策**

○断っても相手の気分が害しないような理由をいくつか用意しておく。
○3回に1回付き合うなど、自分なりのバランスを考える。
○自分は、飲み会が苦手な人を無理に誘わないようにする。

シチュエーション1〜9までに分けて、ありそうな「嫌なこと」を並べてみました。「嫌なこと」に注目するとは、こういったことを意識するということです。すべてをすぐに解決できるわけではありませんが、そのひとつでも解決するとストレスはなくなるし、仕事の効率も上がります。どんどん「嫌なこと」に気づけるようになって、「嫌なこと」を活用して楽しく仕事ができるようになってください。

# 参考文献


「結果を出す人」はノートに何を書いているのか
（美崎栄一郎／Ｎａｎａブックス）

考えがまとまる！
マインドマップ実戦勉強法
（萩原京二／アスコム）

図解 ミスが少ない人は必ずやっている
［書類・手帳・ノート］の整理術
（サンクチュアリ出版）

ビジネスモデルを見える化する ピクト図解
（板橋悟／ダイヤモンド社）

記録・発想・個性を刺激する75の使い方
モレスキン「伝説のノート」活用術
（堀正岳・中牟田洋子／ダイヤモンド社）

本当に頭がよくなる １分間勉強法
（石井貴士／中経出版）

考えがまとまる！
フィッシュボーン実戦ノート術
（駒井伸俊／アスコム）

たった1分で人生が変わる片づけの習慣
（小松易／中経出版）

イチローの流儀
（小西慶三／新潮社）

マイケル・ジョーダン この一瞬に賭けろ
（ジャネット・ロウ／ダイヤモンド社）

成功する会社のすごいサービス
（アスコム）

人生を劇的に変える 東国原式勉強法
（東国原英夫／アスコム）

クレームを生かすほど会社は伸びる
（西山知義／祥伝社）

残念な人の仕事の習慣
（山崎将志／アスコム）

思うまま
（松下幸之助／ＰＨＰ）

リーダーになる人に知っておいてほしいこと
（松下幸之助／ＰＨＰ）

心を揺さぶる名経営者の言葉
（ビジネス哲学研究会／ＰＨＰ）
座右の銘（里文出版）
トヨタ流「改善力」の鍛え方
（若松義人／成美文庫）
トヨタ式であなたの仕事が変わる！
自分「カイゼン」術
（別冊宝島）
ＧＯＥＴＨＥ　２０１０年11月号（幻冬舎）
日経トレンディ（日経ＢＰ社）
２００９年12月号、２０１０年12月号
がっちりマンデー!!　儲かる秘密（幻冬舎）
手帳は2冊持ちなさい
（石川悟司／フォレスト出版）
心がフッと軽くなる「瞬間の心理学」
（名越康文・角川ＳＳコミュニケーションズ）

「ひとり会議」の教科書
（山崎拓巳／サンクチュアリ出版）
自己プロデュース力
（島田紳助／ヨシモトブックス）
内定したら読む本
（楢木望／Ｎａｎａブックス）
鈴木敏文の「話し下手でも成功できる」
（勝見明／プレジデント社）
「どこでもオフィス」仕事術
（中谷健一／ダイヤモンド社）
マグロ船で学んだ人生哲学
―ボクの生き方を変えた漁師たちとの一問一答集
（齊藤 正明／講談社ＢＩＺ）
怒らないこと
（アルボムッレ スマナサーラ／サンガ新書）

# 書くだけで人生が変わる嫌なことノート

発行日 2011年2月12日　第1版第1刷
　　　　2011年8月 8日　第1版第7刷

著者　嫌なことノート普及委員会
装幀　細山田光宣、鈴木あづさ（細山田デザイン事務所）
special thanks　高野幸生、畠山浩樹
編集協力　洗川俊一、楢木望（ライフマネジメント研究所）、中山祐子
写真　森モーリー鷹博
編集　柿内尚文
発行人　高橋克佳
発行所　株式会社アスコム
〒105-0002　東京都港区愛宕1-1-11　虎ノ門八束ビル7F
編集部　TEL：03-5425-6627
営業部　TEL：03-5425-6626　FAX：03-5425-6770
印刷　中央精版印刷株式会社


Printed in Japan ISBN978-4-7762-0645-3